Consumering®

W0409691

Javier Rovira

Consumering®

ESIC
BUSINESS&MARKETINGSCHOOL

Primera edición: *abril 2009*
Segunda edición: *mayo 2009*
Tercera edición: *junio 2012*
Cuarta edición: *septiembre 2013*
Quinta edición: *mayo 2015* (reimpresión)

Avda. de Valdenigrales, s/n. 28223 Pozuelo de Alarcón (Madrid)
Tel. 91 452 41 00 - Fax 91 352 85 34
www.esic.edu/editorial

ISBN: 978-84-7356-963-7
Depósito Legal: M-27532-2013
Cubierta: Gerardo Domínguez

Fotocomposición y Fotomecánica: Nueva Maqueta
Doña Mencía, 39
28011 Madrid

Imprime: Gráficas Dehon
La Morera, 23-25
28850 Torrejón de Ardoz (Madrid)

Impreso en España

Qué encontrarás dentro

Dedicatoria

Para Margara, Javier y Miguel,
centro y norte de mi vida.

Sin vuestra forma de ser
y ayuda de todos los días
este libro no hubiera sido posible.

Para mi padre, mi madre
y dos hermanos.

Encapsuláis todo lo bueno
de los que nos precedieron.

Agradecimientos

Paradojas de la vida, quizá esta sea la parte más difícil de escribir por el riesgo e injusticia de dejar fuera a alguien; si eso ocurre, mis más profundas disculpas.

En el terreno profesional y en primer lugar a la Escuela de negocios ESIC por creer en mi idea y hacerla propia. Joaquín Calvo, la primera persona que me animó y convenció a escribir el libro, y Felipe Llano han sido los impulsores de la idea y sabios asesores en sus primeros pasos; sobre todo a la hora de exponer Consumering® a las necesarias críticas de la comunidad empresarial y académica y al incorporarlo al Hoy en Marketing 2009 en toda España. Gracias también a Simón Reyes y a Francisco Javier Larrea por el respaldo institucional y a Vicente Rubira por su ilusión como editor del libro.

Asimismo, gracias a todos mis compañeros de trabajo a lo largo de mi vida profesional. De todos aprendí algo; de los amigos y de los enemigos, que de todo ha habido. Y dentro de ellos a mis clientes y alumnos, sin los que la parte práctica de Consumering® no hubiera sido posible.

A Simone Kampmeier le debo desde hace años su ayuda, impulso, crítica constructiva y la motivación intelectual necesaria, especialmente en los peores momentos.

A Ana Rodríguez, todo el apoyo y ayuda en la gestación física del libro y a la puesta en escena del concepto ante la comunidad académica y empresarial.

A todos vosotros, muchas gracias.

Prólogo

Mientras que el mundo del marketing ha atravesado por grandes cambios con el desarrollo de la telefonía móvil, Internet y la competencia global, la mayor parte de las compañías aún practican el marketing como lo hacían en los años 80.

Por este motivo quiero aplaudir a Javier Rovira y ESIC Business & Marketing Scholl por investigar y promover una nueva visión del marketing, una visión que se ajusta mejor a las nuevas fuerzas y herramientas que desafían y cambian la práctica del marketing. Lo han denominado "Consumering" para enfatizar que las empresas que compiten en los mercados deben situar al consumidor en el centro de su pensamiento y planificación. Aunque muchas compañías dicen que están orientadas o centradas en el consumidor, no se dan cuenta del potencial de este punto de vista. Este hecho se puede apreciar haciendo a las empresas las siguientes preguntas.

- ¿Cuántas opciones dan a los consumidores que puedan tener interés en su producto o servicio?
- ¿Con qué frecuencia invitan a sus consumidores a participar en la creación y definición de sus ofertas?

La mayor parte proporcionan a sus clientes una oferta base que deben aceptar o rechazar tal y como se les ofrece. Algunas compañías dan un número limitado de opciones. Y muy pocas invitan a sus consumidores a colaborar en el diseño de sus ofertas. En este último caso existen un reducido número de empresas pioneras, como Lego, Starbucks, Dell y Apple.

Consumering es más que una filosofía de marketing. Incluye las bases económicas de una oferta básica cuyo precio debe de alcanzar el margen objetivo y al que habría que añadirle el beneficio adicional que se obtendría como consecuencia de los diferentes niveles de opciones que se ofrezcan al comprador.

Al ofrecer más opciones a los clientes, éstos tenderán a ser más fieles y a mostrar más interés en la compañía.

Esta nueva aproximación también cuestiona alguna de las ideas clave del marketing actual. Javier Rovira ofrece razones frescas en segmentación, mostrando cómo puede limitar la demanda potencial al buscar únicamente un público objetivo bien definido. Otra idea fresca es la de que las compañías estarían más seguras si pudieran ser dueñas de su distribución sin depender excesivamente de terceras partes. Otro desafío es el de reducir considerablemente o eliminar el uso de las promociones mediante la construcción de una política de precios más inteligente.

Consumering no es sólo una nueva lectura para el departamento de marketing. Sus implicaciones van mucho más allá y requieren de la comprensión y cooperación de los Directores Generales y de los C.E.O.'s para que funcione. Dicho de otra manera, Consumering es una idea estratégica que requiere revisar y reenmarcar la forma en la que las compañías se aproximan al mercado y los procesos que usan para ello.

En resumen, Consumering es una nueva y fresca contribución a la práctica y teoría del marketing que reconoce los rasgos característicos de la Nueva Economía, empleando las herramientas e ideas que se necesitan para tener éxito en la misma.

DR. PHILIP KOTLER

Prólogo

ESIC fue en su día, al iniciar su andadura hace más de cuarenta años, pionera en hablar de marketing, término y concepto por entonces prácticamente desconocidos en España. Nuestro país se encontraba en pleno desarrollo económico, se instalaban en él empresas de dimensión plurinacional y, tanto éstas como las españolas, requerían directivos formados en la orientación al mercado y en los conocimientos y habilidades necesarios para la gestión empresarial en este contexto. A partir de esa necesidad, sentida por las empresas y por la sociedad españolas, nace ESIC y va desarrollándose en un proceso en el que ha habido que superar, como es lógico, dificultades pero que, gracias a Dios, ha seguido siempre una línea ascendente hasta llegar a nuestra realidad actual.

El marketing no era en España en aquellos años –y no lo sería hasta mucho más tarde y, con plenitud, hasta ahora mismo– disciplina con titulación universitaria oficial. Y ESIC hubo de amparar sus estudios con una titulación privada, aunque con sistematización, metodología y rigor científico verdaderamente universitarios junto a una perspectiva claramente aplicada a la práctica. Nos esforzamos desde el principio por dignificar al más alto nivel estos estudios y por dotarlos de personalidad académica propia junto a su esencia misma de servicio a la empresa. Creo sinceramente, y sin que suene esto a vanidad exagerada, que lo hemos logrado. Para ello hemos venido contando siempre con profesores que unen a su conocimiento su experiencia empresarial y con estudiantes de fuerte vocación que, al ir incorporándose a empresas y organizaciones –contamos hoy con más de 20.000 antiguos alumnos–, han dado pruebas de su valía y de su profesionalidad y han ido construyendo por ello la imagen de ESIC. También con la comprensión de los empresarios, que han sabido ver que nuestros titulados son hombres y mujeres capaces de prestar una colaboración útil, con motivación y con esfuerzo, con conocimientos teóricos y prácticos y con valores éticos. Hoy, también la Universidad reconoce el rango académico del marketing y lo incorpora ya en sus aulas –y entre ellas en las de ESIC– al repertorio de las titulaciones oficiales de Grado y de Postgrado.

Pero, naturalmente, el entorno y el pensamiento evolucionan y más en estos tiempos de cambio constante –de "turbulencias", por decirlo en expresión ya clásica– aunque se mantengan las líneas básicas de su armazón organizativo y conceptual. Y, para responder a esos nuevos entornos y a las nuevas necesidades, es preciso un ejercicio continuo de apertura a la realidad, de creatividad e innovación, sin caer en la tentación de tener *a priori* como suficientes los esquemas, las concepciones y las herramientas tradicionales, aunque hayan probado su valor durante años.

En este sentido, cuando Javier Rovira –un profesor de ESIC con amplia experiencia profesional y docente– nos presentó un nuevo concepto, el *Consumering,* del que trata este libro del que es autor, nos dimos cuenta de que dicho concepto se inscribe, precisamente, en el horizonte de vigilante apertura y de reacción rápida al que acabo de referirme. Por ello y porque el *Consumering* responde a la esencia de ESIC, creadora y transmisora de marketing, y a su estilo de incorporación de modos nuevos, en ocasiones "rompedores" y siempre orientados a la empresa y al mercado, decidimos apoyarlo en su implantación y desarrollo.

Como el autor explica en la introducción del libro, se trata de que la empresa "ceda" a los consumidores la gestión y desarrollo de sus negocios, "en una triple asociación empresa-consumidor-colaboradores". Algo que, profundizando en la tendencia a situar a los consumidores en el eje de la acción de marketing, va más allá y puede llegar a cuestionar mucho de lo que venimos haciendo hasta ahora.

En cuanto expresión de estas novedosas ideas, el libro constituye, a mi juicio, marco de referencia para ayudar a las empresas a competir en el mercado de modo diferente. Y no se limita a expresar un sistema de ideas coherente y atractivo, sino que parte sobre todo de la experiencia de empresas reales y expone la propuesta fundamental del *Consumering:* pasar de una estrategia centrada en la empresa misma a otra más abierta y centrada en el consumidor final.

Con todo esto nos encontramos sin duda ante un libro importante. Y como además está escrito en estilo atractivo y sugerente, espero –esperamos– que sus lectores encuentren en él enseñanzas útiles para su comprensión de las nuevas realidades del marketing y, sobre todo, para su tarea profesional en el mundo de las empresas.

SIMÓN REYES MARTÍNEZ CÓRDOVA
Director General de ESIC

Prólogo

Antes de que Javier Rovira me confiara su libro, tuvimos la oportunidad de intercambiar puntos de vista no sólo sobre la situación actual, sino sobre nuestras visiones de futuro.

Fue posiblemente la coincidencia de puntos de vista lo que le impulsó a hacerme partícipe anticipadamente de este espléndido libro visionario, valiente y pragmático.

Javier Rovira, en una primera parte, es capaz de hacernos ver un panorama realista de la situación actual y de los comportamientos individuales y colectivos frente a esta situación.

El reglamentismo creciente de las naciones va cercando cada vez más al individuo, que busca un lugar de escape para esas libertadas cada vez más restringidas.

Todas estas manifestaciones de la libertad se hacen mutantes y si nos ceñimos a la repercusión que todo ello tiene en el mundo del consumo, nos conduce de lleno a la tesis de Rovira de la mutación del marketing tradicional al Consumering®.

Cada vez más, hoy, tiende a confundirse el marketing con sus herramientas, y cada vez más, hoy, el marketing clásico está más hecho para las empresas que para el consumidor.

Su visión del Consumering® va conceptualmente en línea con la evolución del decidor final: el Consumidor.

Muestra los nuevos caminos y las nuevas ideas a aplicar, y así como el desarrollo del Marketing desde sus orígenes se fue desarrollando científicamente, el Consumering® exigirá un profundo estudio y conocimiento para su buena aplicación.

Bajo su extrema sencillez conceptual hay un enorme trabajo de investigación y desarrollo para adaptarlo, para aplicarlo y para seguirlo, todo ello en la multitud de mercados, categorías y diferentes tipos de negocios que deberán ser capaces de transcribirlo a sus lenguajes respectivos.

Impresionado por la capacidad de síntesis en la visión de nuestros comportamientos presentes y futuros, no puedo sino felicitar a Javier Rovira por este alarde de lucidez.

LUIS DEL VALLE
Presidente L'Oréal España

Prólogo

Es un placer para mí unirme a la felicitación por la publicación de esta obra del profesor de ESIC Javier Rovira, que, bajo el título Consumering®, está llamado a ser un libro de obligada lectura y estudio y no sólo por parte de los expertos en marketing, sino que será del máximo interés para los CEOs.

Su publicación coincide con un momento de retracción de la demanda, pero sus reflexiones van mas allá de una coyuntura concreta; *esto ha cambiado y ha cambiado para siempre.* Con profundidad, el autor describe los cambios del macro-entorno que se han producido; en las comunicaciones, la genética, en la población, etc. Y en esta *nueva realidad* los conceptos del marketing tradicional deben evolucionar, dado que el "Rey" *el consumidor* ofrece comportamientos y rasgos más complejos y diferenciales, sin importar sexo, raza, edad y/o poder adquisitivo. Tenemos al nuevo "Rey" buscando sobre todo "libertad" y con pautas de demanda "sorpresivas" sobre los viejos estándares de los segmentos-objetivo y comportamiento esperados. En esta situación, ¿son definibles los *targets?, ¿puede el marketing con todo esto?*

Una personalidad en el campo del marketing como Phillipe Kotler –entre otros *gurús*– opina: *que las técnicas del marketing han servido, pero que ha llegado la hora de reinventarlo.* En el texto que sigue, el lector hallará una nueva y creativa propuesta: "Consumer-*ing*", Consumering®, en lugar del clásico Market-*ing*. Más enfocado a la nueva realidad del consumidor. El *invento de "Consumering"* el autor lo ha apoyado en la observación del éxito empresarial de marcas como IKEA, STARBUCKS, ZARA, entre otras.

Por tanto, tenemos una nueva herramienta; el "Consumering®" para gestionar con renovado éxito las propuestas de valor, tanto para el consumidor, como para las marcas, sin olvidar al canal de distribución. Ha llegado la hora de la renovación del marketing en su forma tradicional y quizá, por una vez, desde España podamos ser pioneros en su aplicación práctica, como impulsora del decaído nivel consumo que padecemos.

JUAN JOSÉ GUIBELALDE
Presidente de AECOC

Testimoniales Consumering

"El consumidor compra en la esquina o en el mundo. Su capacidad de actuar fuera de cualquier segmentación tradicional, nos obliga a redefinir todas las variables de marketing. "Consumering®" nos muestra una visión novedosa del marketing que afecta a diferentes mercados y mañana al tuyo".

JOSÉ LUIS GARCÍA FUENTES
Vicepresidente Europeo de Nielsen
para Iberia y Director de Marketing Panel
Detallistas para Europa

"En un inmediato futuro, prácticamente ninguna de las respuestas del marketing tradicional colmarán completamente los retos a los que nos somete diariamente el mercado. Consumering® es un acertado planteamiento que permitirá al lector diseccionar y entender todas las claves a que nos someten los cambios producidos por la revolución tecnológica y social que estamos viviendo, y así comenzar la enésima transformación de la función del marketing empresarial".

LUIS ÁLVAREZ
Director de Marketing y Canales del
Grupo Banco Popular

"Si miramos lo que ha ocurrido en los últimos 15 años, nos daremos cuenta que nunca antes se habían dado tantos cambios tan profundos en tan poco espacio de tiempo. Las tecnologías avanzan, los mercados cambian, las marcas nacen y se destruyen, el consumidor evoluciona... y el marketing tiembla. Cuando el entorno cambia a la velocidad del pensamiento, imaginar que el marketing puede mantener sus recetas tradicionales es simplemente un suicidio profesional. Consumering® es una provocativa propuesta para dar otra nueva vuelta de tuerca a la percepción del marketing, empleando nuevos métodos y esquemas que sin embargo, beben de su esencia misma: la compresión del consumidor. Y es ante todo una excelente noticia para los que quieren seguir aprendiendo frente a los que se piensan que ya lo saben todo. El pez gordo, ya no se come al chico: es el pez rápido el que se va a comer al lento".

NACHO DE PINEDO
Director de Marketing y Clientes de DIGITAL+/CANAL+

"Imprescindible! Rovira se sumerge en las raíces mas profundas del Marketing para cuestionar la validez actual de sus principios fundamentales y nos invita a un viaje trepidante hacia la reflexión. Un viaje que no dejará a nadie indiferente y que nos transportará del ayer al hoy y del hoy al mañana, de forma recurrente. Las oportunidades y riegos que se derivan de sus postulados quedan a merced del lector. La polémica está servida!"

FERNANDO CARRANZA
Director de Marketing del Grupo Chrysler

"En su libro, Javier Rovira ha descrito y analizado perfectamente cómo han cambiado los consumidores de hoy. Los usuarios han adelantado a las empresas en sus comportamientos a través de Internet y ahora son los que tienen en su poder la decisión final; ellos buscan, comparan y eligen el qué, el cómo y el cuándo. El objetivo del marketing de hoy y mañana es adaptarse a estos cambios del usuario donde la innovación y la rapidez de implementación son claves. Las empresas deben tener en cuenta en todo momento a los consumidores y ser conscientes de que tienen que aportarles un valor adicional si no quieren perder la posibilidad de conquistarlos".

LAURENCE FONTINOY
Directora de Marketing de Google

"Las compañías con mejor capacidad de adaptarse serán las que permanezcan. Consumering® es la respuesta a un camino sin retorno hacia una nueva forma de hacer marketing.

El consumidor está cambiando, los comportamientos de compra, los medios, los canales y sobre todo, las exigencias de inmediatez y disponibilidad, hacen que el marketing tradicional tenga que reinventarse. Consumering® responde a una necesidad de las compañías de evolucionar y adaptarse. Las compañías tienen que orientar sus procesos a un consumidor que puede estar en cualquier lugar, que es muy exigente y diverso. Si usted piensa que este libro no aplica en su compañía corre el riesgo de retrasar un viaje que debe empezar cuanto antes".

GABRIEL CERRADA
Director General de Dell

"Si me preguntan: ¿qué le ha parecido el libro del profesor Rovira?, sólo puedo tener una respuesta: ¡sencillamente magnífico! El autor analiza no sólo las rápidas transformaciones que se están dando en esta sociedad, sino también, qué es lo que estas transformaciones provocan en los individuos en términos de comportamiento de consumo, de maneras de pensar y de formas de comunicarse. La relación que nos hace el autor entre el desarrollo tan vertiginoso de las nuevas tecnologías (causa) y la enorme influencia que éstas tienen en el comportamiento de las sociedades modernas (efecto), es tan acertado que muchos autores y estudiosos del "nuevo marketing", no tendrán más remedio que consultar este libro como referencia fundamental para sus estudios e investigaciones. El término acuñado por Rovira de "Consumering®", retrata fielmente la velocidad que se genera en el cambio de costumbres de los consumidores y como las empresas tienen a veces serias dificultades para innovar y poner en los mercados aquello que tan vertiginosamente se demanda. Al final, el profesor Rovira da un toque de atención a todas las empresas: cualquier estrategia que se quiera diseñar, deberá contemplar la RAPIDEZ como elemento fundamental en todos los procesos de la cadena de valor si la empresa quiere subsistir en el tiempo".

JULIÁN PEINADOR
Vicedecano del área de Postgrado de ESIC, Business & Marketing School

"Con un tono muy personal con el lector, Rovira entra de lleno en el debate del valor de las marcas, en este momento en que nos quieren hacer creer que la banalización es el presente, con una propuesta en la que la identidad de la marca está en el corazón de la personalidad del consumidor. ¿El futuro será así? Lea y juzgue. Usted es un consumidor".

JOSÉ M.ª VILAS
Presidente del Grupo Unilever

Por qué y para qué este libro

No sé cuándo estuve listo para escribir este libro; nació después de la petición de un cliente para que preparara una conferencia diferente, que abriera los ojos a los miembros de su departamento de marketing para que vieran las cosas de una manera diferente. Preparé la presentación con la libertad de la que siempre he gozado y usado, y haciendo una proyección de cómo veía las cosas. Cuando terminé me di cuenta de dos cosas: una, que estaba contando lo que contaba en las clases y conferencias que imparto y dicto, así como lo que pongo en práctica en mis tareas como consultor de estrategia empresarial y marketing; y dos, que estaba cuestionando de raíz el marketing. En cualquier caso, no estaba diciendo nada que no llevara tiempo estudiando, diciendo y poniendo en práctica.

Cuando hice la presentación alguien me dijo: "Tienes que publicarlo y desarrollarlo". Y le hice caso. Y aquí está el resultado.

¿Por qué este libro? ¿Para qué este libro? En las sesiones que tengo en postgrado, y con clientes, he tenido que abordar numerosas situaciones y sectores que, si bien eran diferentes entre sí, presentaban algunas cosas en común. La primera era la desesperada búsqueda de soluciones a los problemas que el mercado generaba a las marcas y productos y a las que no encontraban solución los responsables de las mismas. La segunda era la confusión que éstos tenían sobre conceptos clave como posicionamiento, marca, ventaja competitiva, etc., y en general sobre todo aquello que representaba algo relacionado con la diferenciación de sus productos y servicios. Y tercero, la enorme presión sobre unos márgenes que se reducían para poder defender, vía descuentos, un volumen que poco a poco se esfumaba en el mercado como consecuencia de la falta de diferenciación comparada con la competencia en precios de otras alternativas.

Asimismo he ido estudiando diferentes casos de empresas de éxito buscando aquellos elementos comunes que con las salvedades propias de cada sector y de cada modelo de empresa, parecían configurar una manera diferente de hacer las cosas y por lo tanto obtener resultados diferentes, generalmente mejores que sus competidores.

A esto le añadí mi interés por entender por qué ocurren las cosas que ocurren independientemente de lo que los medios de comunicación y otros actores sociales quieren hacernos pensar en su obsesión por conseguir un pensamiento único coincidente con el suyo, claro. Siempre me ha gustado el futuro y las tendencias, y como resultado de esa investigación y lectura quería conocer cómo poder competir desde planteamientos nuevos en tiempos realmente nuevos como los que vivimos. Puesto todo junto y siguiendo el consejo de mi amigo, decidí escribir este libro por entender que era el momento de estructurar de manera formal aquello en lo que llevaba tanto tiempo, unos seis años, trabajando.

¿Para qué lo hago? Bueno, entiendo que ver las cosas desde una manera diferente y abordar problemas complejos con la lógica que estamos aplicando ahora, puede no ser la mejor manera de resolverlos. Por ello, y con el concepto "Consumering®" he querido abrir una línea de desarrollo empresarial y de conocimiento a la que invitar a todos aquellos que tengan algo que aportar para difundir una forma diferente de competir ajustada a cada momento empresarial y macroeconómico. El propósito es ayudar a que las organizaciones recuperen la senda de la rentabilidad sostenible y a que las personas que trabajan en ellas recuperen la ilusión y la alegría de hacer cosas nuevas y diferentes cada día, huyendo de la monotonía y del sentido de apagafuegos que hoy en día campa en nuestras empresas.

Este libro, por lo tanto, no es más que el inicio de esa línea que deberá desarrollarse en los próximos años basándose en experiencias reales de mercados reales, consumidores reales y empresas reales que quieran hacer o hagan las cosas de manera diferente.

Para los que no quieran leer todo el libro

Resumen ejecutivo

Los datos y el sentir general de las empresas y ejecutivos es que el marketing, como hoy lo concebimos y practicamos, no está respondiendo a las necesidades que las empresas tienen. Por ello, parece necesario proponer una alternativa que afronte la realidad y plantee nuevas formas o formas ya conocidas de actuación bajo un mismo eje que las engarce y dé sentido. Las formas tradicionales de enfocar el marketing parecen estar agotadas y en este sentido el marketing tradicional podría haber terminado su ciclo. Adicionalmente, las organizaciones necesitan recuperar la ilusión empresarial y organizativa por hacer las cosas y recuperar no sólo la senda de la rentabilidad sostenible, sino las ganas de ir a trabajar y la alegría por hacer las cosas.

En la situación actual de crisis global y ante la certeza de que ésta durará varios años, abrir una ventana de aire fresco que oxigene nuestras empresas es también una tarea necesaria. En otras palabras, un nuevo ciclo se ha abierto ya hace tiempo en la sociedad y en los mercados y parece necesario que nos adaptemos antes de estar definitivamente fuera de él.

Todo ello es lo que busca el Consumering®.

La propuesta fundamental de Consumering® es ceder la gestión y desarrollo de nuestros negocios a nuestros consumidores en una triple asociación: empresa-consumidor-colaboradores. Sí, como lo oyen: que sean ellos los que "gestionen" nuestro negocio. No, no se preocupen, no vamos a moverle de su silla en el despacho de la esquina o en la última planta. Lo que proponemos es que debemos ofrecer los medios y procesos a los consumidores para que ellos sean los que de manera voluntaria definan el marketing mix que quieran en cada momento. Para ello debemos entender que hay tres cosas fundamentales que la compañía que haga Consumering® debe hacer:

1. Flexibilizar los procesos críticos Vs. procesos predeterminados por la compañía.
2. Desarrollar su marca Vs. posicionamiento funcional.
3. Crear redes de pertenencia para el consumidor y redes de servicio con proveedores y aliados Vs. relaciones uno a uno o relaciones uno a varios.

Al hacerlo, debemos cuestionarnos todo lo que hacemos: desde la definición de nuestro negocio de manera clara, hasta el último estímulo que ponemos en el mercado, pasando por cuestionar tótems del marketing como la segmentación y la determinación de precios. Todo.

El nombre Consumering® ya refleja que lo que queremos hacer es pasar del "market-ing" al "consumer-ing" como elemento central de nuestro pensamiento estratégico, operativo y de servicio. No es una orientación al mercado ni al cliente, porque éstos hacen propuestas cerradas o pseudo-abiertas a los mismos. En Consumering® el eje fundamental es que la propuesta es realizada directamente por el consumidor final (incluyendo a las empresas y compradores profesionales en el caso del B2B).

Este libro explica los fundamentos del mismo y cómo situarlos en cada uno de los elementos del marketing mix tradicional. También encontraremos en él suficiente material como para iniciar un replanteamiento de lo que hacemos y de cómo lo hacemos. El cambio que se propone es tan radical que las primeras reacciones son previsibles: esto no lo puedo hacer o no lo van a aprobar… similares. No lo crea, Consumering® es mucho más fácil de lo que parece y por ello he puesto especial énfasis en poner ejemplos de empresas que ya practican alguna de estas cosas. Véalos, investíguelos y mire cómo puede usted hacer el puente a su caso particular. Paso a paso, pero inténtelo.

Qué encontrará en el libro: resumen de cada parte

La primera parte está dedicada a hacer un pequeñísimo esbozo de lo que está pasando en el mundo actual y las previsibles tendencias que van a afectar a nuestros mercados y consumidores en los próximos años. Es imposible ser exhaustivos y por ello ofrece algunas ventanas que usted debe cruzar si le interesan. Pero si no lo hace, al menos no niegue las evidencias: son cosas que están ocurriendo YA y que tendrán impacto en nuestras vidas antes de lo que nos parece. Veremos aquí cómo hemos cambiado; la importancia de la geoestrategia y la contraglobalización comparadas con la globalización actual, así como dos vectores tecnológicos de mayor impacto en los próximos cinco a diez años: la nanotecnología y la genética. Le recomiendo que lea este capítulo si quiere tener una visión diferente de algunas cosas; si no, hágalo también. Encontrará material para sus comidas de negocios o para sus cenas de amigos. De vez en cuando conviene cambiar de temas, ¿no?

La segunda parte está centrada en entender las palancas que hoy día mueven a los consumidores; qué subyace en sus comportamientos y qué es lo que buscan. Como en el anterior caso, es un mero resumen de muchos factores, ya que si algo caracteriza al consumidor actual, es la diversidad de comportamientos y actitudes y lo extremoso de los planteamientos; tanto a nivel global con una clase media pujante que proviene de Asia, como a nivel particular en cada consumidor, con comportamientos también extremos en función del momento de consumo o de la categoría de productos o servicios de que se trate. Por si no quiere leerlo, ya le adelanto que identidad, libertad, vida intensa y rendimiento son las cuatro palabras elegidas para hablar de dicho comportamiento subyacente. Lea este capítulo si quiere ver de una manera diferente a sus consumidores, a su vecino, a su amigo o, por qué no, a usted mismo.

La tercera parte se pregunta y analiza si el marketing actual puede con el mundo anterior que tenemos y con los consumidores a los que hay que servir. Encontrará la respuesta en la primera página cuando lea que el considerado padre del marketing actual, Phillipe Kotler, dice que… NO. Que el rendimiento del marketing actual es decepcionante y que tiene que ser sustituido. Bastante ilustrativo y motivador para el Consumering®, ¿no? Bueno, pues lo que usted verá aquí es una revisión a los típicos axiomas del marketing. Sin la pretensión de ser demasiado exhaustivo, sí hacemos una critica a los mismos, genérica pero critica, cuestionando algunas de las cosas que damos por buenas pero que al mismo tiempo nos han limitado y nos han hecho sus esclavos. El mensaje central de esta parte es que el marketing actual está hecho y diseñado para nosotros, para las empresas y sólo para dar respuesta a nuestras necesidades y no para el consumidor. Claro, cuando éste tenía menos formación, información y equipamiento y cuando vivía de la comunicación unilateral de la empresa (en comparación a la grupal-global de la red), las cosas iban bien; pero ahora que los que tienen el poder y la información son él/ella, las cosas han cambiado. De ahí el fracaso del marketing que Kotler menciona. Si quiere saber si pasan estas cosas en su empresa, debe leer este capítulo.

Y finalmente la cuarta parte: Consumering®. Aquí podrá encontrar la propuesta conceptual y no tan conceptual que le hacemos desde este nuevo término y concepto. En el índice encontrará el contenido detallado. La estructura es sencilla: abrir un tema, un resumen para evitarle toda la lectura si no quiere hacerla. Cerramos esta parte con un ejemplo de cómo aplicar los principios en mercados donde la funcionalidad pueda ser claramente indiferenciada y con un resumen comparativo entre el marketing tradicional y el Consumering®. Ya sabe, por aquello de ahorrarle el tiempo. Y por supuesto con todos los ejemplos que el editor ha permitido para que vea cómo se pueden aplicar en diferentes sectores. Esta parte puede requerir un poco más de esfuerzo por su parte. Es lógico. Son nuevos conceptos que hay que desgranar, entender y ver su aplicabilidad a lo que hacemos.

Esperamos que disfrute del libro y sobre todo que encuentre algunas alternativas y respuestas a sus problemas empresariales. Feliz lectura.

Primera Parte

Este mundo cambia, rápido y sin vuelta atrás:

Tendencias

Ignorar el macroescenario es la mejor manera de perderse en el futuro inmediato

Lo que vamos a exponer ahora no es ni con mucho todo lo que se puede decir ni todo aquello de lo que se puede hablar. El propósito de esta primera parte es realizar una reflexión sobre aspectos que actualmente están ocurriendo y que no sólo tienen impacto ahora, si no que lo van a tener en el futuro inmediato.

La actual vorágine cortoplacista no nos permite ver cosas que están ocurriendo ahí fuera, que pueden tener consecuencias en nuestras decisiones y en nuestro futuro. Y tomar decisiones a largo plazo se ha convertido en un lujo para muchos; sin embargo, deberíamos considerar estos aspectos. Aunque sea para oxigenarnos. Ver otras cosas y abrir ventanas a nuevas cosas que nos hagan dar un sentido diferente a lo que vemos, a lo que creemos y a lo que hacemos.

Así que, si quiere, pase esta página y abra la ventana de nuestro presente-futuro; es sólo una muestra para que, si algo le interesa o le llama la atención, siga usted investigando e informándose. Pero ya le advierto que puede convertirse en un "vicio intelectual". Luego no diga que no se lo hemos advertido.

Capítulo 1

No hace mucho, no hace tanto

Lo reconozco: veo a los Alcántara en "Cuéntame cómo pasó" con asiduidad. Y me encanta. Por dos motivos: primero por que Carlitos, el hijo pequeño, tiene en la serie más o menos la misma edad que yo tenía entonces; segundo: porque sabiendo que eso fue real, me maravilla lo que hemos cambiado desde entonces. Increíble. Sencillamente increíble. A los 11,3 millones de españoles que han nacido después de 1970, quizá esto no les sorprenda. A los que lo hicimos antes, sí. En aquellos momentos, casi ni tele; nada de itunes; ni hablar de Internet. Nada de nada; sólo una vida como la que recoge esta serie. Todavía me acuerdo de los Chiripitifláuticos, del Capitán Tan, de Locomotoro. De los tebeos de hazañas bélicas, del Capitán Trueno, de Antoñita la Fantástica. De los libros de Enyd Blyton, de Agatha Cristhie, de los de Salgari, o de los tomos de los Episodios Nacionales de Pérez Galdós que con tanto acierto mi abuelo me recomendó leer. Del respeto reverencial que teníamos a nuestros profesores. De las carreras por la calle de la Princesa y la Ciudad Universitaria delante de los "grises", del primer guateque, de las cartas que escribías a las "novias" de turno. Otros tiempos.

Aquella, y la anterior, era ciertamente una vida mucho más predictible y cíclica que la actual. El guión estaba preestablecido: nacías, estudiabas, trabajabas, te casabas con la chica que habías conocido en la universidad o en tu primer trabajo. No había ERES; te jubilabas en la misma empresa y, como los Alcántara, pasabas tus vacaciones en el "Sagrillas" de turno, el pueblo de tu familia. Realmente eran otros tiempos y los recuerdo no con nostalgia, no, sino con admiración. La admiración de una sociedad, más en el caso de la española, que ha sabido evolucionar como nunca en la historia de la humanidad.

Y las cosas empezaron a cambiar. Todas. Y al cambio que vivimos en España hubo que sumarle el 9 de noviembre de 1989, la fecha en la que los alemanes pudieron libremente cruzar el muro de Berlín y abrazar a los suyos. La fecha en la que el icono que esa barrera representaba se cayó y con ella el símbolo que anunciaba que el modelo social-comunista de organización de la sociedad había llegado a su fin. Aquellos tiempos, en los que los buenos éramos los de este lado del telón y los malos los del otro habían terminado. Para mí, y para muchos, el significado de la caída del muro de Berlín supuso un antes y un después. De repente los malos habían desaparecido. Ya sólo quedaban buenos. Y a partir de ahí empezamos a oír un término: globalización.

Capítulo 2

Olvídese de la globalización y piense en geoestrategia y contraglobalización

Resumen

Hablar de la globalización en este momento como una tendencia, es cuanto menos ofensivo para cualquier persona que se precie de estar en este mundo. La globalización es una realidad. Y debido a ella y como consecuencia de la exclusividad del capitalismo, estamos presenciando un cambio progresivo pero radical en el orden una reordenación del orden mundial, en el que los antes predominantes empiezan a jugar un rol si no secundario, sí igualitario con los que antes eran "inferiores".

Los Estados Unidos de América afrontan una redefinición de su rol mientras el poder geoestratégico se desplaza inevitablemente hacia Oriente, a China, India y Rusia, respaldados por su potencial económico y por sus democracias (excepto China) como cartas de presentación.

La Unión Europea sigue sin encontrar su identidad y África y Sudamérica continuarán siendo "eternas candidatas", mientras Oriente Medio continúa siendo el polvorín que siempre fue.

En este escenario, la globalización da paso a un conjunto: la geoestrategia como concepto referido a las decisiones que se toman en función del tablero global de recursos naturales, industriales y poblacionales. Y también en este escenario, Occidente ha comenzado a defenderse del empuje de los países emergentes y de sus nuevas multinacionales, que no sólo van de compras por el mundo, sino que comienzan a dominar sectores. Que el presidente francés Sarkozy propusiera en octubre de 2008 crear fondos europeos para defender en la Bolsa a las empresas europeas de la agresividad de estas multinacionales o que Estados Unidos haya aprobado una ley permitiendo a su presidente bloquear una adquisición exterior por motivos de seguridad nacional, son sólo dos muestras de que el péndulo parece empezar a moverse en dirección contraria y que la contra-globalización (entendida ésta como neo-proteccionismo local) ha empezado ya.

Por ello, muchas de las cosas que ahora ocurren y que ocurrirán en el futuro no pueden ser entendidas fuera de dicho escenario sin considerar el escenario global y geoestratégico en el que competimos. Así, cuando veamos ciertas cosas, no seamos inocentes: si pasan es porque hay intereses detrás de ellas que tienen que ver con la posición que acabarán ocupando aquellos que las provocan. Sígalas de cerca, seguro que le interesan y que le terminarán afectando

En este escenario sería conveniente que los políticos españoles entendieran que ya no podemos seguir demorando cuál debe ser nuestro rol en el mundo para que, gobierne quien gobierne, nuestra "geoestrategia" sea la misma. El reciente informe especial de "The Economist" (noviembre 2008) ofrece bastante luz sobre este aspecto. Les recomiendo que lo lean o se lo descarguen de www.theeconomist.com, merece la pena leerlo.

Aquellos lodos nos traen estos barros. ¿Quién es el malo ahora?

Capitalismo, liberalismo, neocapitalismo… Llámenlo como quieran, el hecho es que tomó el control de la organización social y el mundo comenzó a cambiar. Cayeron fronteras económicas, sociales, fiscales y las nuevas tecnologías nos trajeron a casa todas y a cada una de las culturas del mundo con sólo apretar un botón del mando a distancia de la televisión o con un solo clic de nuestro ratón.

La caída del muro de Berlín no sólo supuso el inicio de una nueva división entre buenos y malos. También dejó al mundo con un sólo sistema: el capitalista. El equilibrio se rompía y había que restablecerlo. La crisis financiera actual tiene su origen técnico en lo que lo tiene. Todos lo sabemos. Pero posiblemente también sea un reflejo de que el individuo, y por lo tanto las sociedades que éste desarrolla, están hechas para mantener un equilibrio. Es el ying y el yang; el positivo y el negativo; el blanco y el negro; lo femenino y lo masculino. Y cuando falta uno de ellos, tarde o temprano la cosa va mal.

No piense el lector que con esto quiero decir que lo anterior debería volver. ¡Ni mucho menos! Pero sí pretendo que reflexionemos que esta necesidad de equilibrio es necesaria para el ser humano y que la buscará a lo largo de su vida.

¿Por qué es esto relevante? Porque en un mundo de cambio trepidante las posibilidades de generación de desequilibrios son numerosas, muy numerosas. El cambio es tan rápido que no nos damos cuenta de la profundidad y extensión del mismo. Y una de las características de los tiempos que nos quedan por vivir es el cambio y su velocidad.

Mientras que nuestros abuelos o padres se asombraban con un cambio en su vida (la penicilina, la televisión, el teléfono, el fax…), nosotros presenciamos "milagros" cada año, cada mes, y si me apuran, cada día. Y a veces no nos damos ni cuenta. Pero esto no quiere decir que podamos asumirlos en toda su extensión y conocer la profundidad de su calado.

Además, estos cambios no tienen marcha atrás. Suponen una reestructuración en lo político, en lo social y en lo económico. Y como consecuencia de ello tiene lugar el cambio cultural y de estructura social de mayor importancia en nuestra historia en profundidad, extensión y rapidez.

En esta búsqueda de identidad, de equilibrio, de buenos y malos, en un mundo que se abría a velocidades de vértigo, llegó Samuel Huntington en 1993 y nos explicó que los conflictos modernos no serían entre pueblos occidentales, entre ideologías o entre dos superpotencias y su círculo de influencias. Nos dijo que los conflictos se producirían entre culturas y civilizaciones. Y nadie le creyó. Pero tenía razón. Desgraciadamente, el 11 de septiembre de 2001, y muchas otras fechas desde entonces, confirmaron su teoría. Los conflictos y guerras dejaron de ser entre países para serlo ahora dentro de los países. Fundamentalmente son los ataques terroristas los que pueden golpear a cualquiera, en cualquier momento y en cualquier país. La sociedad global tuvo y vuelve a tener buenos y malos. Las fuerzas en el mundo ya no son las que eran. Y no lo volverán a ser. La globalización ha terminado; ya somos globales y estamos en todas partes. Es la hora de la geoestrategia, ahora que el balance de fuerzas se desplaza hacia el Este irremisiblemente.

"La mejor y más sana cosa es mantener un balance en tu vida y ser consciente de los poderes que tenemos alrededor de nosotros y dentro de nosotros. Si puedes hacerlo y vivirlo, entonces eres un hombre sabio".

EURÍPIDES

Estados Unidos, no tan hegemónico

Durante las últimas décadas, Estados Unidos ha sido el país hegemónico en el mundo. Supo aprovechar como nadie el hecho de ser un país joven y con ganas y la revolución que supuso la máquina de vapor y la industrialización. Y después de la II Guerra Mundial se convirtió en el salvador y vigía de Occidente consciente de su fortaleza y de la debilidad de los países europeos para defenderse de la Alemania de Hitler o de los ánimos expansionistas de la antigua URSS.

Por ello, la consecuencia lógica de esa caída del muro de Berlín fue su preponderancia posterior. Y quizá la falta de equilibrio que se generó, de ying-yang que hemos mencionado, haya afectado más a este país, generando la crisis financiera que vivimos en este momento. En cualquier caso, el cambio de escenario de los últimos años ha hecho que la balanza se incline hacia Oriente y que Estados Unidos no tenga ya el papel preponderante en el mundo que antes tenía. Así, han ido apareciendo puntos vulnerables que casi parecían impensables en seguridad, suministro de materias primas, sistemas financieros y de control, medio ambiente (Kyoto), ética en los negocios (Emron), etc.

El desarrollo de algunos países, fundamentalmente China, y la determinación de Corea de Norte y de Irán en el tema nuclear, posiblemente aprovechándose de este nuevo escenario mundial, han hecho que Estado Unidos tenga que jugar en el tablero como uno más. Clave e importante, pero uno más. A lo anterior, aunque directamente interrelacionado, tenemos que sumarle sus actuaciones en Oriente Medio para entender que la hegemonía de Estados Unidos no es lo que era.

Estados Unidos probablemente esté en un momento en el que debe redefinir su identidad hacia dentro y hacia afuera. Un sencillo análisis de los candidatos a la presidencia en las elecciones de noviembre de 2008, finalmente ganadas por Obama, mostraron este aspecto: una mujer (por primera vez), una persona de color (por primera vez) y un excombatiente de Vietnam muestran los Estados Unidos que ahora deben redefinirse. Especialmente ahora, cuando deben abordar una economía que no estaba muy bien que digamos y una recuperación del sistema financiero cuyo calado y contenido está todavía por terminar de definir.

Pero no nos engañemos. Después de tantas décadas era normal que tuvieran que limpiar la casa. No pensemos pues que Estados Unidos está muerto. Ni mucho menos. Continúa siendo la primera potencia económica, tecnológica y militar del mundo. Lo saben, les gusta y se lo creen. Por ello seguirán siendo el jugador clave en el mundo y ejercerán un papel preponderante cuyo peso dependerá de la estrategia que la nueva Administración juegue en los próximos años.

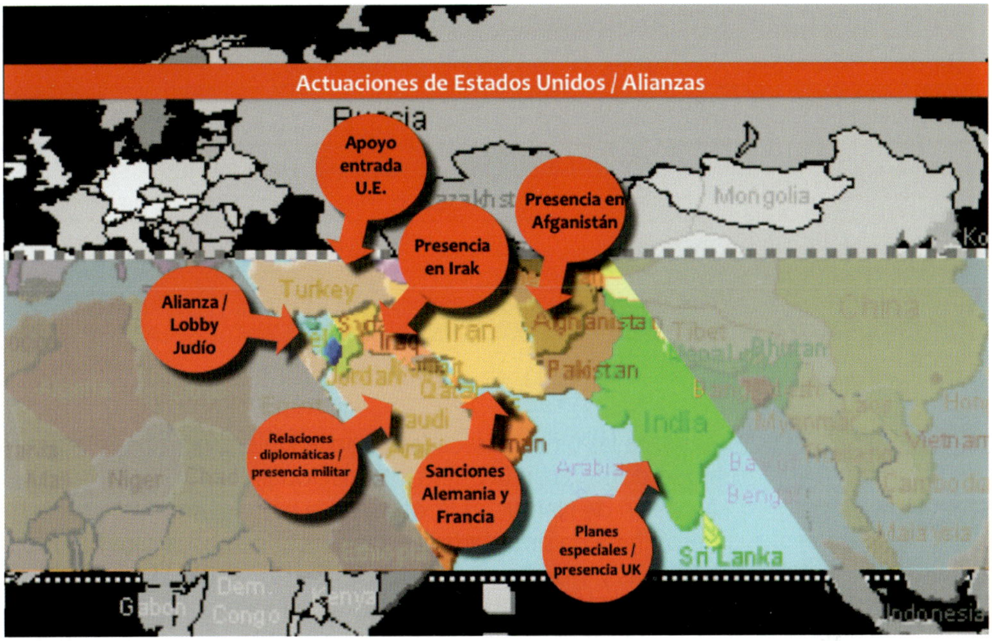

El mayor temor de Huntington era que el principal eje anti-occidental, el eje "confuciano-islámico" pudiera asociarse con el eje "ortodoxo-hindú", inclinando la balanza en "Eurasia" contra Occidente.

Las actuaciones que hemos visto en los últimos años llevan precisamente a dividir ese eje por la mitad. ¿Coincidencia? Los atentados de la India (diciembre 2008) y el asesinato de Benazir Bhutto, entre otros, son considerados como actos "antioccidentales" en la zona y confirman la lucha por romper o abrir, según corresponda, el eje de Huntington.

El mayor "país" emergente del mundo no es China

Imagínense un país de 12 millones de Km^2 (España tiene 500.000 km^2, y la UE 3.939 millones) con el 40% de la población mundial y con más de 1.000 millones de consumidores de clase media para el año 2020. Un país no sólo con grandes riquezas naturales sino con negocios complementarios: desde la mano de obra más barata hasta el talento más vasto en nuevas tecnologías. Un país perfectamente armado y con el ejército más grande del mundo. En el año 2006 este país representaba el 15% del comercio mundial, pero en el año 2016 sumará el 40%. ¿Se imaginan qué pasará cuando este país pase de una economía industrial de producción a una economía de consumo?

	India	China	India + China
Superficie millones Km^2	3,3	9,6	12,9
Población miles de millones	1,1	1,3	2,4
Crecimiento PIB	9,40%	11,10%	10%
Desempleo	7,8% (2006)	4,2% (2005)	
Exportaciones en miles de millones $	112	974	1.068
Importaciones en miles de millones $	188	778	966
Pib/Cápita $	3.800	7.800	

Durante las últimas décadas Estados Unidos era el país y la cultura que dominaban la esfera internacional.

La visión de Napoleón Bonaparte se había cumplido.

"Es un gigante dormido; dejad que China duerma, porque, cuando despierte, el mundo temblará".
NAPOLEÓN BONAPARTE

Pero China ha sido siempre grande. Desde hace siglos su visión de las cosas y sus innovaciones nos han fascinado, al igual que su cultura y su filosofía. Basta leer los libros de Gavin Menzies para comprobar, teorías o planteamientos aparte, el poder que China tenía antes de que Colón fuera a América. Y como no podía ser menos, China volvió a despertar y ahora es quien es: el nuevo jugador global.

A todas las grandes empresas de Occidente les ha venido bien un productor global de bajo coste donde la estabilidad política esté garantizada por un Estado fuerte. Pero todavía está por ver la competitividad de China en un mercado realmente abierto y en igualdad de condiciones que los países denominados desarrollados. Derechos civiles, derechos humanos, fluctuación real de la moneda, etc., pueden hacer que China no sea tan competitiva. Por el momento cuenta con 1.300 millones de consumidores, 30 millones de hogares de clase media, 8 millones de familias ricas, comparado con Europa, es todo un señor mercado. Lo que ocurra en el futuro ya se verá, pero no dudemos ni un momento que, como ocurrió en 1421, China saldrá al mundo a conquistarlo. La inauguración de los Juegos Olímpicos de 2008 fue una muestra de lo que están dispuestos a hacer.

"India conquistó y dominó culturalmente a China durante 20 siglos sin haber enviado jamás a un solo soldado".
HU SHIH

India es otro de los jugadores clave actualmente y en el futuro. Con 1.100 millones de habitantes, tiene características que hacen que pueda ser más fuerte que China en el medio plazo. India ha sido un país más abierto al mundo exterior en los últimos siglos como consecuencia de su posición estratégica y los más de 200 años de "protectorado" inglés. En principio la estructura política y económica de la India es más parecida a la occidental. Con todas las salvedades que queramos hacer, la India es una democracia y ofrece un sistema económico para realizar negocios muy similar a Occidente, mientras que el sistema proteccionista chino creará tensiones y dudas. Además, India es un país mucho más abierto que

China, no sólo para los que llegan sino por su comunidad internacional, una comunidad internacional, perfectamente establecida en el sudeste asiático, en los países europeos, especialmente en Inglaterra y en Estados Unidos. Se trata de una comunidad que, además de ser simple mano de obra, es extraordinariamente activa en el tejido de la clase media (empresas, pymes, etc.) y en los grandes inversores, con fondos que operan en todos los mercados. Gran parte de esta estructura está determinada por una gran ventaja de India sobre China: aquél es el segundo país angloparlante del mundo con 90 millones de personas (8% de la población), mientras que sólo el 0,77% de los chinos (10 millones) pueden hacerlo en ese idioma. Además, India es una potencia de talentos desde hace décadas en las nuevas tecnologías. Hoy, más de 85.000 estudiantes de India cursan sus estudios en universidades de Estados Unidos.

China-India-China

Llámenlo como quieran, pero estos dos países están condenados a entenderse. Los dos más grandes; los dos con fronteras naturales.

En 1962 ambos países entraron en un sangriento conflicto originado por la disputa sobre la soberanía de dos zonas fronterizas (Aksai Chin y Arunachal Pradesh). Desde ese momento las relaciones se rompieron y dificultaron. Pero el 6 de julio de 2006 se reabrió la frontera de Nathu La y con ello se restablecieron las relaciones entre ambos países. A partir de entonces ambos países han estrechado lazos comerciales y políticos, hasta el punto de ser el presidente chino quien ha defendido y defiende que India debería de formar parte del comité de seguridad de la ONU. En el terreno económico la colaboración ya ha empezado y compañías chinas de tecnología han desplazado sus cuarteles centrales a India, así como compañías indias han llevado sus empresas de fabricación a China, por no hablar de las empresas públicas de cooperación.

Es verdad que ambos países presentan muchas diferencias en la actualidad. Pero también es cierto que durante siglos ambas naciones han colaborado y han tenido acuerdos y apoyos que sólo se vieron interrumpidos en 1962. Es cierto también que son competidores geoestratégicos en lo que a necesidad de alimentos, materias primas y recursos se refiere. Pero no es menos cierto que la alianza de ambos les proporcionaría ventajas estratégicas de innegable valor contra el resto del mundo.

¿Imposible? Esperemos unos años y veremos lo que pasa. Por el momento son dos potencias; entre 2020 y 2025 serán la primera y la tercera economías del mundo. Y todos sus ciudadanos quieren ser como nosotros: vestir como nosotros, vivir como nosotros, comer como nosotros, comprar como nosotros. ¿Quién se va a resistir? ¿Cómo cambiará el mundo cuando la sociedad de consumo se desplace hacia Oriente?

Por ello habrá que redefinir las estructuras productivas del mundo entero, porque cuando mil millones de personas quieran comer simplemente un filete o tener un utilitario, las estructuras actuales no lo aguantarán. De ahí los profundos cambios que nos esperan en los próximos años, unos cambios que no tienen marcha atrás.

El poder de ambos países ya empieza a expandirse en el mundo global. La revista "Capital" publica en su número de enero de 2009 un interesante análisis sobre las multinacionales de los países emergentes. El resumen es que de las 75 principales multinacionales emergentes, India (12) y China (20) aportan casi el 50% (32) en diferentes sectores y actividades. El resto de las multinacionales (33) se reparten entre trece países. Todo un poder económico que comienza a extenderse por el mundo.

El poder de las multinacionales emergentes. China e India

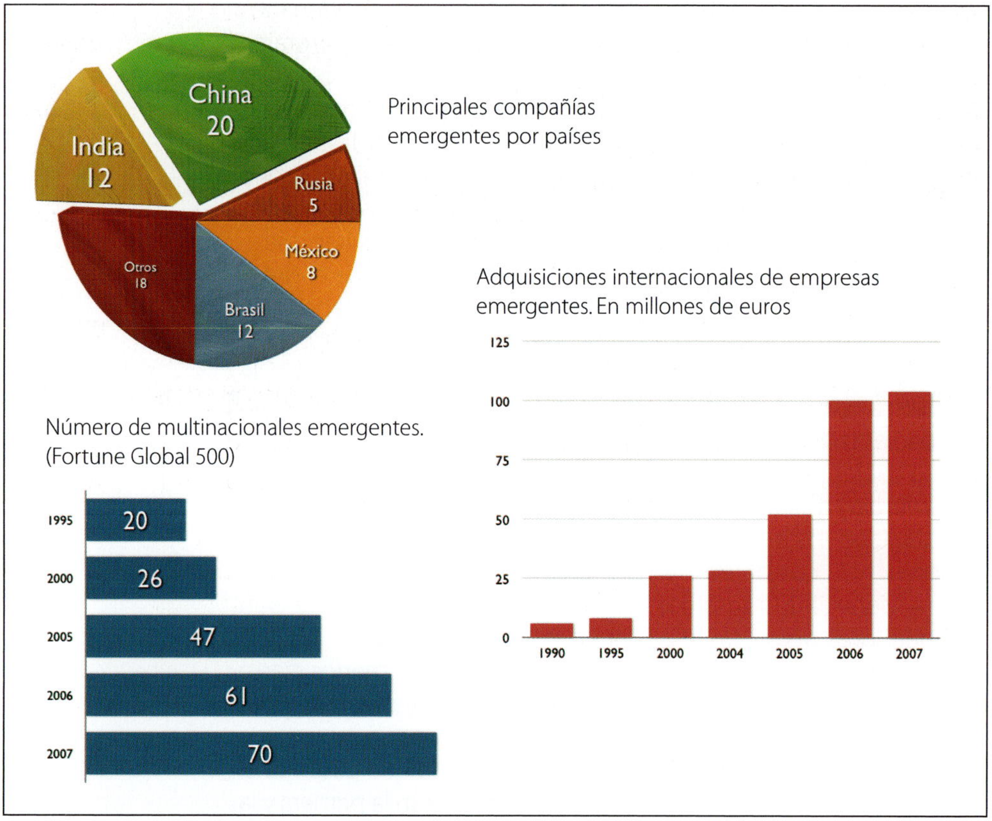

Fuente: Revista Capital 01/2009.

COMPARATIVA CHINA-INDIA

	Comparación China-India[1]	
	CHINA	**INDIA**
Bases		
Gobierno	Partido único; burocracia	Democracia convulsiva con coaliciones de partidos en el gobierno
Información y transparencia	Prohibida la información política	Cacofonía de voces con discusión sin límites de todos los aspectos
Derechos de propiedad	Más permisivo con la propiedad privada pero la pública prevalece en caso de conflicto. Mucha inversión pública	Los derechos privados son sacrosantos por lo que el gobierno puede hacer inversiones limitadas en infraestructuras
Consecuencias		
Negocio local	Millones de posibles emprendedores limitados por las políticas gubernamentales	Boyante en los últimos años
Multinacionales	Alfombra roja	No muy receptiva a inversiones extranjeras aunque mejorando
Expatriados	Papel catalizador y reinversor en el país	Fuerte y establecida; reinvierte fuera del país aunque envía remesas de dinero para otros fines
Economía rural	Buenas infraestructuras pero se han disparado las quejas al compararlas con las zonas costeras	Desarrollo rural muy pobre que ni siquiera la iniciativa privada ha podido mejorar
Educación y salud	Mucha inversión en educación en los últimos años. Muy mal sistema sanitario	Muy mala tanto en educación como en salud
Relaciones exteriores	Basada en su poder económico. Se expande hacia Asia, África y lo hará, rápido, en Sudamérica	El Estado no es el mejor embajador del país sino sus empresas, ejecutivos y académicos. Es un país con un pobre peso en el mundo

[1] *Fuente:* Adaptación de China and India, The Power of Two, Harvard Business Review, December 2007.

La nueva Rusia, los nuevos zares

Cúpulas de las hijas del zar.

Rusia es el segundo país del mundo, tras EE.UU., con más millonarios cuya fortuna tiene más de nueve ceros. Se calcula que hay, además, cerca de un millón de personas, sobre una población de 134 millones, con más de un millón de euros en la cuenta bancaria y unas 20.000 con patrimonios por encima de los cien millones. Los millonarios rusos –apenas el 10 por ciento de la población– controlan el 90 por ciento de los recursos del país.

Rusia es el país más grande del mundo: 17 millones de kilómetros cuadrados; la línea fronteriza más larga del mundo: 60.000 kilómetros y 16 países; la cuarta parte de todos los bosques del mundo; sus costas están bañadas por doce mares; decenas de miles de ríos, millones de lagos, uno de ellos tan grande como un mar (Caspio) y el lago más profundo (1.637 metros) de agua dulce, el Baikal, que mantiene el 20% de las reservas de agua dulce de la Tierra, suficiente para abastecer a la humanidad durante treinta años. Se extiende desde Europa hasta Estados Unidos y recorre esa distancia en contacto con Irán, China, Turquía,... ¿Querían geoestrategia? Aquí la tienen. Rusia sí que entiende de esto, y desde hace siglos.

Aquellos que pensaban que Rusia estaba acabada sin ellos, es evidente que se equivocaban; sólo se estaba arreglando para estar bien en la nueva fiesta global que se había empezado a celebrar en el mundo y preparaba a sus nuevos zares. Porque, no nos equivoquemos, al final los dirigentes de la revolución se volvieron tan zares como los Romanov. Pero eran del Komintern y sólo miraban hacia dentro con odio a todo lo exterior y perdieron en la partida. La perdieron ellos pero no el pueblo ruso. Al final de ese período, la antigua Unión Soviética era puntera en tecnología; más que Europa y casi tanto, sino más, que Estados Unidos. Pero se morían de hambre. Por eso era una cuestión de tiempo, de arreglarse, de dejar que los nuevos zares ocuparan sus tronos. Y cuando toda esa tecnología se puso en manos privadas y se empezaron a hacer las cosas de otra manera, Rusia volvió a la escena internacional. Y los zares a reinar: Moscú es la ciudad con más milmillonarios por kilómetro cuadrado del mundo y Rusia lleva nueve años de crecimiento continuado a un promedio del 7% anual con un incremento del poder adquisitivo promedio del 12%. Todo ello en un Estado con superávit continuado desde el año 2001, llegando a ser de un 3% en el año 2007, lo que le ha permitido mejorar su situación financiera global. Sus exportaciones la han llevado a disponer de unas reservas exteriores en el 2007 de 470.000 millones de dólares en comparación con los 12.000 del año 1999.

Es cierto que Rusia acaba de iniciar su camino y que la lucha interna entre zares es encarnizada, que la clase media no termina de desarrollarse, que la corrupción parece que no termina de erradicarse, etc. Pero Rusia ha comenzado a tomar posiciones en el mundo una vez más. En los últimos años ha terminado su plan de exploración y ya sabe no sólo que es el primer país del mundo en reservas de gas, fuente de energía fundamental para abordar lo que se nos avecina. La crisis del gas de enero de 2009 es una prueba no del problema de Ucrania, sino un mensaje a Europa de su potencia e importancia. Es una simple manera de decirnos: "Hola, estoy aquí, por si acaso lo habíais olvidado".

Y toma posiciones en el mundo. No ve con buenos ojos las sanciones a Irán, ha empezado a hacer demostraciones armamentísticas otra vez; ha entrado en Georgia (gas otra vez), flirtea con Repsol y llega a acuerdos con Venezuela y Bolivia (más petróleo, más gas).

Definitivamente, Rusia nunca se fue. Se estaba preparando.

Quizá es Zar más conocido: Román Abramóvich, el hombre más rico de Rusia por tercer año consecutivo, según la revista Forbes, se ha hecho construir un velero de 200 metros de eslora. El mayor del mundo. Abramóvich, cuya fortuna personal (casi 14.000 millones de euros) procede del petróleo y del acero, es además dueño del Chelsea club de fútbol.

Y por orden del presidente Putin, tiene el cargo de gobernador de la remota región de Chukotka, situada frente a Alaska gastando millones de dólares en infraestructuras y ayuda social. Aunque su mayor excentricidad es querer volar a la Luna. Ha ofrecido a Roskosmos, la agencia espacial rusa, 220 millones de euros por el viaje.

Cada año se organiza en Moscú la "feria de los millonarios". En la de noviembre de 2006 en el Crocus City Mall, los artículos que más sensación causaron fueron los mini submarinos, al precio de 16 millones de euros la unidad, y los potros pura sangre turkmenos, que se situaron en torno al millón de euros cada uno. Había camas de matrimonio de 80.000 euros, móviles suizos de oro y brillantes de un millón de euros y helicópteros que oscilaban entre los 500.000 y los dos millones de euros.

África, siempre África

Nos dicen que fue en África donde se originó el ancestro del ser humano. Nunca se ha desarrollado y quizá por ello a todos nos fascina. Sin lugar a dudas es la zona del planeta que más recursos sin explotar tiene, y los que sí lo hacen se encuentran bien amarrados por gobiernos, empresas públicas o empresas privadas bien protegidas.

Son 840 millones de personas y en el año 2050 serán 1.100 millones a pesar de que todos los días mueren 5.500 por el SIDA.

Los problemas estructurales del continente son inmensos: el 34% de la población está desnutrida; el 42% no tiene acceso a agua limpia; hay decenas de millones de casos de malaria que producen la muerte de un niño cada 60 segundos, lo que le supone tener el lamentable record de mortandad infantil del mundo (90/1000). Todo ello configura un panorama difícil para progresar, ya que el 47% de la población tiene entre 5 y 24 años y la esperanza de vida se sitúa en los 46 años; 40 en el caso de 9 países.

Es por ello un continente que está muy lejos de poder competir en un mercado global: 15 líneas de teléfono por cada mil habitantes; menos usuarios de internet que en la ciudad de Nueva York; pobreza extrema (más de un 50% viven con menos de un dólar al día), etc. Como consecuencia de ello y de la situación política y de seguridad general de estos países, las personas capacita-

das (unas 20.000 al año) salen de Africa para buscar mejor suerte.

A pesar de ello y casi sin que los demás nos demos cuenta, muchos países de África tienen buenas perspectivas de crecimiento. Las previsiones para el Norte de Africa son de crecimientos por encima del 4% y en el África subsahariana hay jugadores como Nigeria, Tanzania, Kenya, Camerún, Etiopía y la gran estrella, Angola, con crecimientos del PIB por encima del 5% en mitad de la crisis en la que estamos.

Es la fase previa al inicio del inicio. Pero será necesario que la educación llegue a todos para que la democracia, los sistemas económicos y sociales se estabilicen y para que la corrupción desaparezca. Cuando se logre, África no sólo será un lugar de ensueño, sino además una potencia económica dados sus recursos naturales y su mano de obra barata. Y todo ello la convierte ya en un enclave geoestratégico de primera magnitud para aquellos países y multinacionales que quieran tomar posiciones. Dentro de esto, quédense con una palabra: coltan[2]. Si no han oído hablar de ella, lo harán dentro de poco y se enterarán del poder geoestratégico de este material y de los países que lo tienen.

[2] El coltán no es realmente ningún mineral establecido. Es un término que no se utiliza en el lenguaje científico y que responde a la contracción de dos minerales bien conocidos: la columbita, óxido de niobio con hierro y manganeso (Fe, Mn), Nb2O6, y la tantalita, óxido de tántalo con hierro y manganeso (Fe, Mn), Ta2O6.

El coltán es fundamental para el desarrollo de nuevas tecnologías: telefonía móvil, fabricación de ordenadores, videojuegos, armas inteligentes, medicina (implantes), industria aeroespacial, levitación magnética, etcétera. Esto es debido a sus singulares propiedades, tales como superconductividad, carácter ultrarrefractario (minerales capaces de soportar temperaturas muy elevadas), ser un capacitor (almacena carga eléctrica temporal y la libera cuando se necesita), alta resistencia a la corrosión y a la alteración en general, que incluso le hacen idóneo como material privilegiado para su uso extraterrestre en la Estación Espacial Internacional y en futuras plataformas y bases espaciales. Los principales productores mundiales son Australia, Brasil, Canadá y algunos países africanos (República Popular del Congo, Ruanda y Etiopía), aunque sus reservas base son prácticamente desconocidas para todos ellos. Fuente: El Pais, "El coltán, un 'mineral' estratégico", R. LUNAR y J. MARTÍNEZ FRÍAS 26/09/2007.

CONFLICTO BÉLICO EN LA REPÚBLICA DEMOCRÁTICA DEL CONGO

La guerra llega al santuario de los gorilas de la niebla y los guardas tienen que huir del parque

- Patrullan la zona del mundo con la mayor población de gorilas de montaña
- Muchos guardaparques han muerto en los últimos años en choques con furtivos
- Ahora han tenido que abandonar la reserva tomada por las tropas en conflicto

Ante todo esto, las miradas se habían vuelto hacia la República Democrática del Congo, país que posee el 80% de las reservas mundiales de coltán en el subsuelo de las provincias del Este, especialmente en los Kivu, fronterizos con Ruanda y Uganda, los más fieles aliados de EE.UU. en la zona. El coltán puede considerarse como la principal causa del desencadenamiento de la última guerra en el Congo. Un conflicto que tiene su origen en agosto de 1998 y que terminaría oficialmente en 2003 y sobre el que Naciones Unidas, en su informe S/2002/1146 de 16 de octubre de 2002 (cuatro años después del inicio), dijo: "Para los más de 20 millones de personas que viven en las cinco provincias de la región oriental de la República Democrática del Congo, el número de defunciones directamente atribuibles a la ocupación de Ruanda y Uganda puede estimarse entre 3 y 3,5 millones de personas". Más recientemente, en julio de 2004, el Internacional Rescue Committee estimaría en 3,8 millones el número de muertes atribuibles directa o indirectamente a la guerra desde el año 1998. Fuente: diagonalperiodico.net: "El coltán y la guerra del Congo", jueves 1 de marzo de 2007.

Fuente: elmundo.es; 18/11/2008 10:50.

Sudamérica, la eterna candidata

Sudamérica continúa siendo la gran candidata al desarrollo. Y mientras lo sigue siendo muchos países la han sobrepasado. Y la verdad es que tener un territorio de 20 millones de km^2 llenos de riqueza natural y 520 millones de habitantes (los datos incluyen México y Centroamérica) hablando el mismo idioma y con valores similares, hacen que esta zona del globo tenga todo el potencial necesario para poder convertirse en un jugador global de primera magnitud.

Pero para ello deberían dejar de pelearse como lo hacen los hermanos de una misma familia y ponerse manos a la obra. Para ilustrar esta falta de identidad y conciencia común, baste decir que los medios sudamericanos hablan menos de Sudamérica que los medios estadounidenses o los españoles.

Y es que los países sudamericanos se debaten entre la cultura local, la hispana o la americana para determinar su forma de vida en un cocktail que continúan agitando y no terminan de servir.

Esta división interna así como la corrupción, la violencia y la pobreza hacen que este fabuloso subcontinente no se desarrolle. Acostumbrados a los virreyes que lo gobernaron durante siglos y en similitud con los zares rusos, estos países han ido entronizando a pequeños "reyes" que han dirigido los destinos de millones de personas sin terminar de explotar todo lo que tienen y pueden hacer.

España y Estados Unidos han sido los grandes inversores en los últimos años y países como Brasil, México, Perú y Colombia parecen que se suman a la estructura occidental de países en desarrollo aunque siempre bajo la espada de Damocles de la inseguridad legal. Su papel geoestratégico parece pues limitado como colectivo aunque a nivel individual (minas, petróleo…) algunos vayan a tener un rol crucial: Brasil como productor y dueño de las reservas de agua dulce y oxígeno del mundo; México como engarce con Estados Unidos, con su petróleo y su salida a los dos océanos que unen al mundo; Venezuela con su petróleo y salida al Caribe; Chile con sus minas; Bolivia con su gas, Perú con su riqueza natural. Si todos ellos se avinieran, definitivamente Sudamérica sería la potencia global que todavía no es y pasaría de ser un candidato a una realidad. Esto sólo ocurrirá cuando las democracias sean realmente estables y los medios de comunicación y otra fuerzas sociales se empeñen en la labor; lamentablemente esto parece todavía muy lejos de ocurrir.

Oriente Próximo, tierra de historia y tierra de conflictos

Templo de la Roca en Jerusalem (serturista).

El Próximo Oriente es posiblemente el lugar del mundo donde más y más continuados conflictos ha habido en la historia de la humanidad. Abarcar su historia y su bagaje cultural puede ser tarea de una vida entera y aún así quedarse corto.

Desde hace miles de años, esta zona-bisagra de civilizaciones ha sido el enclave geoestratégico por excelencia. Persas, egipcios, griegos, romanos, todos han querido estar y han estado allí. Con la excepción del budismo, es la cuna de las religiones más importantes en la historia de la humanidad. Allí nacieron, allí siguen y allí seguirán.

Todos somos conscientes de que el petróleo del mundo está allí y que el conflicto judeo-árabe se manifiesta en esa zona día a día. Pero no nos engañemos: cuando no había petróleo y desde antes de Jesucristo y Mahoma, los pueblos del mundo querían estar en esta área, zona de paso obligado en el comercio intercontinental.

Los problemas son muchos y realmente no se ve solución a ellos. Como desde hace siglos. Pero a los existentes debemos sumarle uno, como es la falta de agua, que hará que las tensiones, lejos de aligerarse, se multipliquen en los próximos años.

Es por ello que Oriente Medio continuará siendo una de las claves no sólo por su importancia y capacidad de desestabilización del mundo occidental, sino porque es el escenario donde las potencias mundiales medirán sus fuerzas y mostrarán sus intereses e intenciones. Muchas decisiones dependerán de lo que aquí ocurra y mucho del esfuerzo estará en evitar que las cosas lleguen a un punto de no retorno. No dejen de observarla. Nos afectará a todos. Hoy y mañana.

Adicionalmente a los conocidos problemas de la zona, debemos añadirle la escasez de agua que añadirá tensiones sociales adicionales especialmente a partir del año 2020.

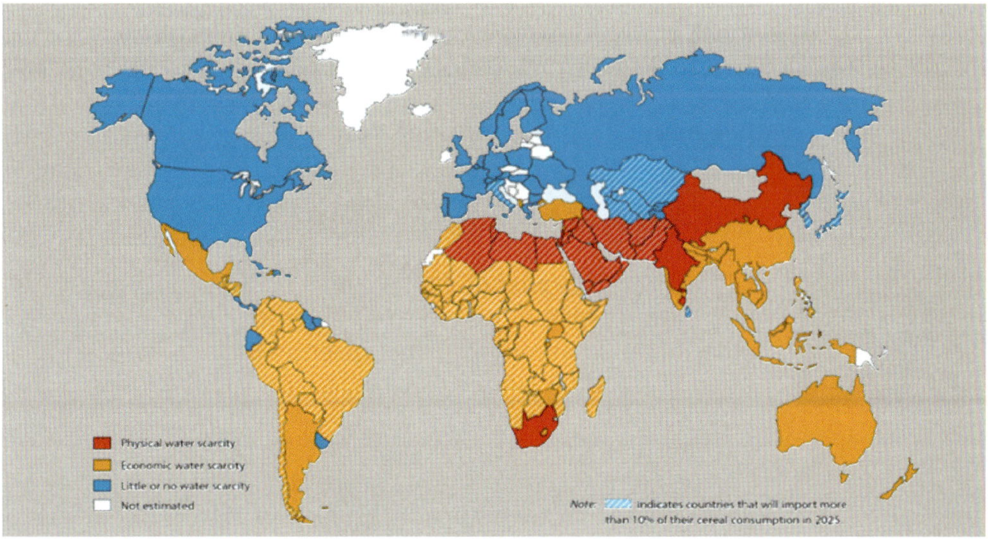

Unión Europea: la identidad por encontrar

Europa está considerada la cuna de la cultura actual de Occidente. No sé si será así o no. Pero al menos sí es cierto que los países europeos, sucesivamente, marcaron la agenda mundial de los últimos 2.500 años (antes de Estados Unidos y con permiso de la expansión árabe del siglo VI ysiguientes). Y eso deja huella, claro; como también la dejaron las dos guerras mundiales que tuvieron lugar en un corto período de tiempo y en su suelo.

Geoestratégica y geopolíticamente, Europa está literalmente en medio. Y por ello y por lo anterior decidió hace cincuenta años unirse progresivamente, siempre bajo intereses económicos o/y de defensa, en clubes que poco a poco se han ido haciendo más grandes. Pero eso no denota identidad. Ni mucho menos. Quizá por ello los intentos de cambiar y de generar una constitución europea han fracasado. Y quizá también debido a ello la UE ha tenido que legislar ciertos cambios por la puerta de atrás y de espaldas a lo que los ciudadanos de los diferentes países europeos quieren.

Pero ahí estamos. Siempre en medio de todo y con intereses en todas partes. El rol de la Unión Europea está por definir. Pero es muy difícil hacerlo cuando no tienes claro quién eres y quién quieres ser. Los intereses de cada país se anteponen por el momento a una política exterior común en términos de economía, defensa y desarrollo. Los fondos de cohesión sí han sido buenos para los que, como en el caso de España, los han recibido. Pero para los que los han dado han supuesto y suponen una carga por la que evidentemente, pasan factura. Los beneficios de una Europa Unida son innegables y se han demostrado en los últimos cincuenta años. Pero ahora, en la actual encrucijada, se hace necesario un replanteamiento de la estrategia, posiblemente de manera más propositiva que reactiva.

Sin apenas materias primas que explotar, con una producción en el sudeste asiático y en China y con un euro que necesariamente debe mantenerse fuerte para pagar la factura energética, Europa debe encontrar su camino en un mundo global y geoestratégico donde sus socios (todos son socios de Europa de una u otra manera) ya están tomando posiciones.

España, ¡España!, ¿España?

Las anteriores páginas no han pretendido ser un análisis exhaustivo de la realidad mundial. Eso es evidente. Pero sí han querido reflejar que en el mundo actual quién más quién menos, todos están buscando su encaje para luego sacar sus conclusiones, que las cosas pasan hoy en día por lo que pasan y no por lo que nos cuenten los medios de comunicación o los políticos de turno.

España (sí, voy a ver si evito las palabras "nuestro país") es un país que ha hecho historia. Antigua y reciente. El comentario común en los viajes que he realizado, tanto a Sudamérica como a Asia, a los países árabes, a Estados Unidos o a naciones europeas, ha sido de admiración. Admiración por la transición que hicimos y por el desarrollo que hemos conseguido en las últimas décadas. Como decía al principio de este libro, España sigue siendo España; pero ya no es la España de los Alcántara. Es más social, más desarrollada y más admirada que antes. Mucho más. Y por mucho que sólo oigamos improperios de una y otra parte, es así y se ha debido a todos: a los de derechas, a los de izquierdas y a los que no son ni de derechas ni de izquierdas.

Pensemos como pensemos España ha sido y es grande. No sólo por su historia sino por muchas de las cosas que hemos hecho más recientemente. Desde el punto de vista geoestratégico, nuestro rol está en ser la puerta sur de Europa, la occidental del Mediterráneo y la de jugador clave en Sudamérica, por ejemplo. Pero somos 46 millones y según el típico tópico eso significa que somos 46 millones de entrenadores de fútbol y 46 millones de presidentes de gobierno. Vamos, que tenemos opiniones muy personales sobre las cosas. Y a esto sólo le faltaba añadir las de los políticos, más pendientes de implantar su opinión personal sobre las cosas y de decirnos lo que les interesa, que lo que es realmente importante para todos.

En los días en que estoy escribiendo estas líneas se celebra el trigésimo aniversario de la Constitución. Viendo la situación en la que estamos y algunos datos del país me pregunto si no sería necesario rehacer los pactos de la transición para poner en marcha un nuevo *plan país* que acuerde un rumbo para los próximos treinta años. Y es que parece evidente que, en un mundo como en el que estamos, nuestros datos no son precisamente prometedores.

Permítanme que les copie textualmente parte del artículo de Alicia González publicado en "El País" el 20 de julio de 2008:

Según un estudio reciente, el 25% de los profesores de los centros públicos ha sufrido diferentes formas de agresión por parte de los alumnos o de sus padres.

Federico Gómez Pardo, Girona, 12/05/2006

Un estudio de la OCDE muestra que la tasa interna de rentabilidad (TIR) con respecto a la educación superior en España era la más baja entre los países desarrollados.

(*El País.com*, 9/11/2008)

Para 2030, la mitad de la población de todo el mundo pertenecerá a la clase media

El cambio en los equilibrios económicos globales ya se ha empezado a producir. En 1980, las siete mayores economías del mundo pertenecían en su totalidad al mundo desarrollado. En estos momentos, esa lista sitúa ya a China como cuarta economía mundial, por delante de países como Reino Unido y Francia. Para 2050 será China quien encabece la clasificación, India ocupará el tercer lugar, Brasil el cuarto y Rusia el quinto. Reino Unido no aparece en la lista hasta el puesto número ocho, Japón lo hace en décimo lugar y Alemania –actual primer exportador mundial– queda relegada al puesto número 12.

Más dramáticas, si se quiere, son las consecuencias para España. *Cuando los Gobiernos de los últimos años han estado acariciando la idea de ingresar en el club de los países ricos, en el G-8, desbancando a Italia por nivel de renta, su sueño se desvanece antes de empezar a tomar forma. Para 2050,* ***España ni siquiera aparece entre las 25 mayores economías del mundo,*** *grupo que sí incluirá a países que ahora nos parecen tan pobres como Vietnam, Turquía o México. Es el coste de la globalización…*

¿Es el coste de la globalización o el resultado de no hacer lo que hay que hacer en un mundo globalizado? En cualquier caso, de repente podemos volver a donde estábamos antes de la transición.

España. Interrogantes

Algunos datos nos pueden ilustrar sobre la situación macro de España y entender mejor lo que tenemos que hacer. Como casi todo en España, son ejemplos extremos de cosas impresionantes que hemos hecho y de cosas tremendas que debemos arreglar.

Muchas son las cosas buenas que tenemos y que hemos conseguido. Nuestras infraestructuras, el liderazgo mundial en energías renovables o en alta velocidad son prueba de ello, además de las muchas compañías tecnológicas que son ejemplo en el mundo entero.

Los emprendedores españoles tienen éxito en el mundo y, además de los buques insignias como el Santander, Repsol, Telefónica, Acciona, Planeta, Nh Hoteles, Inditex, etc., se suman muchas compañías menos conocidas pero igual de activas en su tamaño y sector, como Orbea, Oesía, Barrabás, etc., mostrando que los españoles no tenemos por qué temer la competitividad global. En el año 2000 ocho empresas españolas estaban en el ranking de las 500 empresas más importantes según el "Financial Times". La cifra subió a 14 en el 2008, siendo el Santander la primera en aparecer.

No obstante, y con el único ánimo de reflexionar sobre la estructura de nuestra economía, debemos afrontar la realidad porque sólo desde ella podremos salir antes de la recesión actual y volver al camino que teníamos. Así, y sin considerar el coste inicial de la crisis actual, la situación es la siguiente:

- La composición del PIB de España por sectores en el año 2007 nos indica la dependencia de un sector saturado (construcción); de un sector en deslocalización (automoción) y de otro (turismo) que desde hace años ya invierte en otros destinos diferentes a España.
- Los índices de productividad señalan una reducción progresiva en los últimos años, con un crecimiento del 0,3% al año de 1990 a 1997 (un tercio del incremento alemán, francés e italiano) y un 0,2% entre 1998 y 2006 cuatro veces menos que Alemania, cuyo último dato de 2006 indicaba un crecimiento del 1,7%. Nuestra mayor inflación y nuestra menor productividad hace que nuestras exportaciones pierdan competitividad. España ocupa el lugar 33 en el índice de competitividad de 2008.

- Un trabajador español tiene que sostener más funcionarios, niños, jóvenes menores de 16 años, pensionistas, políticos (17 Administraciones públicas, un Gobierno central, Ayuntamientos, Diputaciones) que casi todos los países con los que nos gusta compararnos.
- Tenemos el mayor déficit de balanza de pagos.
- Invertimos el 1,1% del PIB en I+D+I, claramente por debajo de la media europea, ocupando el puesto 24 del mundo. El gasto en I+D+I se ha triplicado desde el año 2000, pero no somos capaces de convertir esa inversión en patentes y productos. España ocupa el penúltimo lugar en el ranking de patentes/habitante de los países occidentales.
- España es el único espacio de comercio no-único de la UE.

El problema más preocupante de la sociedad española se encuentra en la educación como consecuencia de haber tenido 7 planes educativos en 25 años

Susana Pérez de Pablos publicó en "El País" un magnífico artículo en el que podrían leerse los siguientes datos:

"El último Informe Pisa, realizado por la OCDE entre los 57 países más desarrollados, sitúa a España por debajo de la media internacional".

"España invierte 5.000 euros al año por alumno, 1.058 menos que la media de los demás países"."Mientras, la inversión que hace el país tanto en I+D (el 1,2% del PIB) como en universidades (el 1,22% del PIB) sigue siendo reducida. El Consejo de Universidades ha calculado que es necesario subirla hasta el 1,5% si se quiere mejorar en competitividad. Los países de la UE destinan de media el 1,3% (en la OCDE, el 1,5%)".

"El 74% de población de 55 a 64 años no tiene ni bachillerato ni FP, pero en otra franja más joven (de entre 25 y 34) ha bajado al 36%. A pesar de la mejora, España sigue fallando. El abandono escolar en la UE es del 21% de media y en la OCDE del 23%".

"En resumen, la cifra clara y contundente: el 30% de los niños fracasan, frente al 14,8% en la Europa de los 27".

"En ciencias, los resultados están estancados en la mediocridad. Como referencia, el inglés es una de las materias, junto a matemáticas y física, en la que peor nota sacan los alumnos en la selectividad. En la última prueba que se hizo, la de julio, la suspendieron el 40% de los alumnos".

Hace unas semanas, también la OCDE volvía a dar un varapalo a la educación española en el informe Education at a Glance 2008: cada vez compensa menos económicamente ser universitario en España. "Ahora, el acceso a la Universidad es más universal. El 39% de los jóvenes de entre 25 y 34 años es titulado universitario. Más que en la media de la UE (30%) y de la OCDE (33%)".

"Hace siete años, un universitario ganaba un 73% más de media que un empleado con sólo el graduado de ESO o escolar. Ahora gana sólo un 43% más. El mercado tiene más donde elegir y ajusta los salarios a la baja. Pero además la oferta de titulaciones no se ajusta a las necesidades del mercado. Éste no es capaz de absorber a licenciados en áreas tecnológicas, sanitarias e incluso informáticas porque no se han potenciado esos sectores"."De las 75 universidades que hay en España, ninguna está entre las 100 mejores del mundo".

Sobran los comentarios.

La revista "The Economist" en su especial sobre España de noviembre de 2008 ya apunta a la necesidad de hacer cambios estructurales, ya que a partir del 2013 será un contribuidor neto a la UE. Asimismo, menciona los peligros de nuestro parroquialismo y se cuestiona si no hemos ido demasiado lejos en el tema de las autonomías convirtiendo nuestra estructura política y de convivencia en una debilidad. Añade que tanto Felipe González como Aznar tenían una ambición para España, pero que la de Rodríguez Zapatero es desconocida. Y termina: *"Esto requiere un sentido más claro de lo que España es y representa…"*

Son las muchas de las voces que se escuchan en la calle, y que me encuentro con mayor frecuencia en clientes y aulas, que demandan la necesidad de que los partidos reflexionen y lleguen a un acuerdo sobre los siguientes aspectos a la mayor brevedad posible:

- Revisión del modelo de autonomías.
- Revisión del modelo electoral.
- Revisión del modelo educativo.
- Pacto de Estado en materia de Asuntos Exteriores.
- Pacto de Estado en el modelo de I+D+I, económico y laboral.

Parece imposible que esto ocurra; lo sé. Ya lo hicimos una vez. Merkel consiguió un pacto con los socialdemócratas, y si el esperado por muchos, Obama, incorpora a miembros de la Administración Bush en puestos tan claves como la seguridad nacional, no podemos decir que sea imposible… si se quiere.

Lo anterior es ni más ni menos que lo que necesitamos para poder definirnos en el mundo actual. Ya es hora de que abandonemos el concepto de dos Españas que tan útil ha sido a muchos durante tanto tiempo. Lo importante ahora es que España defina su rol en el mundo y que lo juegue, independientemente de quién gobierne. Y debemos hacerlo de manera conjunta como hicimos la transición. Entonces como hoy es el momento de dejar a un lado a los políticos y llamar al poder a los estadistas, mujeres y hombres a los que la idea de estado y nación les quepa en la cabeza y a los que las siguientes elecciones les importen, sí, pero menos que ahora. Y es hora también de llamar a los auténticos protagonistas de la transición española: la sociedad civil y los medios de comunicación. Sin ellos esto es imposible. Todavía estamos a tiempo pero no pensemos que nos queda mucho más si queremos ser un jugador internacional y global. Es el momento de los estadistas, no de los políticos. Ojalá lo consigamos. Pásalo.

Capítulo 3

Nada de lo que conocemos será igual... en muy poco tiempo

Resumen

Ante un mundo ya globalizado y abierto donde cada uno puede llegar a donde quiera, la geoestrategia se convierte en un importante elemento de decisión de países y empresas que sin darnos cuenta nos afectan a todos en mayor o menor medida. Siendo un factor importante no es el único que va a caracterizar los tiempos actuales y venideros.

Valores, tecnología y cambios en todo lo que nos rodea son los elementos a considerar en estos tiempos y que al condicionar lo que hacemos y cómo lo hacemos nos afecta no sólo ya en los planteamientos más supranacionales a largo plazo, sino en nuestro día a día.

De la misma manera que presenciamos un reposicionamiento de las fuerzas globales, estamos presenciando un cambio en los valores que ordenan el comportamiento de la sociedad.

Esta ausencia de "malos", de los malos tradicionales, viene generando en las últimas décadas que aquellos que desde la edad feudal nos protegían y estructuraban la sociedad, estén en retirada. Estados, religión, sindicatos, familia, ceden para dar paso al individuo y al asociacionismo, independientemente de que la crisis actual llame al intervencionismo.

Las nuevas tecnologías, y especialmente el desarrollo de las telecomunicaciones, han ayudado no sólo a este cambio en los valores, sino a su transmisión y homogeneización.

A este cambio de valores debemos sumarle la velocidad, complejidad y profundidad del cambio socioeconómico que vivimos, y que necesariamente nos conduce a escenarios de incertidumbre y de riesgo para las empresas.

Pero el macroescenario social y económico no estaría completo si ignorara lo que son y serán los grandes condicionantes de las tres o cuatro próximas décadas de este siglo. Aunque sean numerosos, tres son los aspectos que mayor impacto tendrán en nuestras sociedades y por lo tanto en las empresas.

Por una parte, la revolución tecnológica que ya se ha iniciado y que promete cambiarlo todo; por otro, el aumento de la población en un 50% en 40 años, generando escasez de materias primas y agravando el ya dramático problema del agua y la alimentación. Y finalmente las tensiones que la generación y distribución de una demanda energética incremental crearán en nuestras economías. Todo ello en un planeta que comienza a presentar síntomas de escasez.

Las nuevas tecnologías y los acuerdos entre países y empresas pueden ayudar a solucionar todo lo anterior. Esperemos que sea antes de que las consecuencias se empiecen a notar.

Nuevos tiempos, nuevos valores

El famoso: *¡A las diez en casa!*, se ha terminado. Pretender que un/a joven de 18 años cumpla esta simple norma es garantía de problema y de desacato.

Siendo esto normal, a nadie nos ha gustado tener que volver temprano a casa. Lo que no es tan normal es que los niños agredan a sus profesores o que los padres de los niños lo hagan también. Evidentemente, esto no solamente no es un valor, sino que denota la falta de ellos; o como otros han querido ver, es la ausencia de límites y permisividad de los padres (consecuencia de la vida ausente del hogar o de autoridad) las que generan estas situaciones. Elija el lector lo que elija, lo cierto es que esto antes no ocurría. Y no esta bien, nada bien.

Ya desde hace tiempo se viene diciendo que las instituciones tradicionales se baten en retirada. Sindicatos, Iglesia y Estado tienen hoy menos peso que hace unos años.

Jeroen Boschma[1] comenta en un libro que el acceso a la información de manera rápida y completa, aunque inexacta en muchas ocasiones, de los jóvenes es lo que llevaría a cuestionar cualquier fuente de información que no sea la propia, y por lo tanto la tradicional autoridad de quien antes tenía el conocimiento entre quienes estaban los profesores y los padres. La teoría es interesante, válida y útil, como veremos más adelante. Pero no explica el comportamiento de las personas no jóvenes.

Dentro de este tema, la familia, o mejor aún, el hogar. Desde un punto de vista de marketing, la familia (la definamos como la definamos) es un elemento fundamental por ser el centro de consumo por excelencia. Y decía que mejor el hogar porque antes eran extraños los hogares unipersonales; hoy son una realidad. Como lo son los diferentes tipos de familia que queramos ver. El hecho es que las cosas han cambiado en ese centro de consumo; los personajes no son los mismos, los roles tampoco, los compor-

---

[1] **Boschma, Jenen (2008):** *Generación Einstein*. Gestión 2000.

tamientos menos. Y esto está haciendo que industrias enteras, por no decir todas, estén cambiando de manera vertiginosa.

Es en este núcleo, junto con las instituciones educativas, donde se forjan los valores del individuo. Por eso, el análisis de ambas instituciones nos conduce a entender cómo y qué valores están cambiando para después poder entender mejor el marketing que hacemos.

Estos cambios en valores sí parecen estar relacionados con la evolución económica de la sociedad. Los años de las postguerras desarrollaron una filosofía de miedo y de ahorro y austeridad en nuestros abuelos. Los 70 nos trajeron el esfuerzo para poder vivir mejor; pluriempleo y horas de trabajo eran habituales en todos nosotros. Los 80/90 fueron los años del bienestar; años en los que la bancarización y el sistema financiero permitían comprometer rentas futuras para mejorar nuestra forma de vida y en los que los Estados pusieron más énfasis en la generación de infraestructuras y servicios públicos. Posteriormente aparecieron la abundancia y el consumismo, hasta llegar en este momento a la sociedad del hedonismo, tan presente en los jóvenes y no tan jóvenes occidentales.

Un factor fundamental en la generación de estos nuevos valores ha sido sin lugar a dudas lo que la tecnología nos permite hacer hoy, que es mucho más de lo que nunca hemos hecho. En este sentido, la hipótesis establecida por Boschma tendría toda su validez. Hoy más que nunca podemos acceder a la información que queramos en el momento en que queramos y, en principio, con total impunidad. Las nuevas comunicaciones nos permiten, como veremos, ubicuidad, conexión total, ser nosotros mismos, relacionarnos y ver lo nunca visto antes.

Esta sensación de poder, de dominio sobre las cosas, tiene una extensión especial en la ciencia en general y en la medicina en particular. El grado de avance ha sido tal en los últimos años que pensamos que podemos realizar todo o casi todo lo que queramos. De hecho, mientras que nuestros padres o abuelos veían un cambio tecnológico en su vida, nosotros vemos muchos más en apenas un trienio. La vivencia de la llegada del hombre a la Luna fue todo un acontecimiento mundial. Tener una estación alrededor de la Tierra no es noticia. Ya no nos sorprende casi nada, ni siquiera que vayamos a intentar crear un agujero negro para entender el origen del universo. Lo que es noticia hoy ya no lo es 24 horas después. Quizá por ello creemos que nada es definitivo, que todo es mutable y que está en revisión. Y quizá por ello las cosas y los valores cambien tan rápido. Y también, recordémoslo, porque la ausencia de valores hace que pueda elegir aquello que yo quiero para mí y para los míos sin temor a que esté bien o mal.

No nos compliquemos la vida entonces. Esto es mucho más fácil. Los valores tradicionales están en revisión y revisados ya desde hace tiempo. Y esto hace que nuestros clientes y consumidores se comporten de manera diferente y que sus expectativas y razones de compra hayan variado; buscan nuevas cosas, nuevas formas de hacer y de que les hagan. En resumidas cuentas, la forma de valorar las cosas, de priorizarlas y comportarse es sencillamente diferente a las de no hace mucho. Entender esto, independientemente de nuestras posturas o lecturas personales, es esencial para poder hacer un buen marketing y tener éxito en el mercado.

Un rompedor inicio de siglo

El futuro tiene muchos nombres: para el débil es lo inalcanzable, para el miedoso, lo desconocido. Para el valiente, la oportunidad.

VÍCTOR HUGO

Todo está cambiando, todo está en revisión. Esta podría ser una frase de otros tiempos. Yo la oí de pequeño y mis padres también. Es la lógica de la evolución del ser humano, que de forma consustancial a su esencia cuestiona todo lo que hace de manera continuada en el tiempo.

Por ello el cambio no debe de asustarnos. De ninguna manera, porque hagamos lo que hagamos, va a ocurrir.

Lo que sí conviene considerar dentro del cambio actual son las características del mismo y lo que lo hacen singular en relación a otros cambios anteriores.

Un primer factor determinante de esta época que nos ha tocado vivir es su velocidad. Nunca antes las cosas habían cambiado tan rápido. Según un estudio de la OCDE realizado en el 2006, todo el conocimiento que se tiene en la actualidad sobre un tema, queda obsoleto en un período de 5 a 7 años. Tal es la velocidad de los cambios.

Todos los días salen noticias, publicaciones, etc., que confirman ese estudio. Esta situación va a poner especial presión en las empresas y profesionales que deberán incorporar sistemas de actualización permanente si quieren mantenerse en el mercado. Adicionalmente, nuestros consumidores y clientes demandarán novedades de manera continua sin cuestionarse si hoy son factibles o no: saben que mañana alguien lo hará y se lo dará.

En un mundo de tanto cambio y tan rápido, debemos esperar sorpresas, aunque al final ya casi nada nos sorprenda. La última crisis financiera y las consecuencias de la misma, incluyendo los cierres y suspensiones de pagos de muchas empresas no han dejado de sorprendernos. Como también la hacen los avances de la medicina o de la tecnología. A nuestra capacidad de absorber tanto cambio tan rápido, debemos de añadirles ahora lo radical del mismo y de asumir y absorber conceptos nuevos y nuevas formas de pensar ajenas a nuestro conocimiento habitual.

La siguiente característica, consecuencia de todo lo anterior y de la evolución de la tecnología, es la complejidad de las decisiones que tendremos que tomar. Cualquier aspecto de un negocio debe considerar en este momento todas las posibles implicaciones, porque los errores se pagan caro. Muy caro. El tiempo de reacción es muy limitado y ante cualquier problema, la cantidad de palillos que hay que tocar es mucho mayor que antes: financiación, clientes, impacto mediático, tecnologías a aplicar, inversiones, corto plazo, medio plazo… Demasiados elementos que requieren una muy buena capacidad de análisis centrándonos en lo realmente importante y de soluciones flexibles y prácticas a problemas complejos que nos permitan llegar al mercado a tiempo.

Cambio rápido y profundo, sorpresas y complejidad nos llevan necesariamente a situaciones de incertidumbre y de riesgo por el poco tiempo disponible y por la variabilidad permanente de los mercados, consumidores, tecnologías, etc. Una situación en la que la no toma de decisiones es y será tan arriesgada como la toma de las mismas. Riesgos que no sólo se refieren a aspectos operacionales, sino a la propia reputación de la empresa, que estará en peligro de ser comentada en la red en las comunidades de usuarios o no usuarios si se produce algún error. Riesgos de ser sobrepasados por la competencia si se pierde el pulso del mercado.

En cualquier caso, los tiempos venideros parecen de todo menos aburridos y van a poner a prueba a los más taimados y a los más atrevidos.

No se lo pierdan, va a ser emocionante. Se lo aseguro.

Palancas que condicionarán el siglo XXI

Además de las características específicas del cambio que nos llega, es necesario considerar algunos de los aspectos que van a determinar el macro escenario en el que empresas y consumidores van a convivir en los próximos tiempos. Todos ellos son ya hoy realidades que afectarán a todos y a cada uno de nosotros y a todos y cada uno de los sectores. Puede parecer que algunas llegarán a meras especulaciones.

Les sugiero que sigan las noticias relacionadas con el tema que continuamente salen en revistas y periódicos. Estas páginas sólo pretenden enunciar los elementos y describir algunas de las características de los cambios, ya que lo que hay detrás de cada uno de ellos requeriría un libro específico. En cualquier caso les recomiendo que vayan pensando cómo van a afectar a su negocio, porque no hay duda de que les afectarán.

La palabra megaverso no es porque sí. Nos espera la mayor revolución tecnológica que jamás haya visto el ser humano, en la que todo, absolutamente todo estará en revisión. Aunque nos parezca imposible, lo que nos llega es mucho más revolucionario que todo lo que hemos visto. Dentro de ello hay dos aspectos que son y serán las palancas sobre las que se apoyarán todos los cambios: al ya conocido mundo de la computerización y de las telecomunicaciones, en su sentido más amplio, debemos añadir dos elementos más que juntamente con los anteriores, producirán el mencionado cambio: la genética y la nanotecnología.

Genética

El 12 de febrero de 2001 se hizo público el genoma humano después de 57 años de investigación. En 1944, Oswald T. Avery, Colin McLeod y Maclyrn McCarthy aislaron el ADN como material genético. La genética en sí está presente en nuestras vidas desde hace años, fundamentalmente en el mundo de la alimentación. Todos conocemos la controversia social sobre la utilización de la ciencia genética en el ser humano y los diferentes criterios éticos que pueden aplicarse. No es propósito de esta sección ni reflejar opiniones ni dar razones, sino explicitar que las posibilidades que se han abierto desde entonces llevan a una medicina y a una expectativa de salud como no ha habido antes. Los avances son numerosos y no estamos muy lejos de poder "programar" ciertos productos para que cumplan funcionalidades hasta ahora atribuidas a componentes químicos.

¿No preferiría quitarse el dolor de cabeza comiendo una nuez que tomando un fármaco? La posibilidad no solo de entender o mutar un gen, sino de escribirlo, es una puerta demasiado atractiva como para no cruzarla. Y esto, en lo que ya se está trabajando, constituye un cambio radical en industrias enteras que verán cómo sus clientes aumentan las demandas de medicamentos o cómo en su momento se pedirá a cirujanos, neurólogos, etc., que se incrementen ciertas capacidades personales, bien físicas, bien mentales. Por no mencionar el impacto que esto tendrá en la agricultura o en la ganadería para poder suministrar el pan o la carne que 9.000 millones de personas demandarán en no mucho tiempo. Por todo ello, ya se habla de la cuarta generación (vivir más de 100 años) como algo que los que hoy tienen diez años o los que no han nacido todavía tendrán al alcance de la mano.

MEDIANTE INGENIERÍA DE TEJIDOS

Realizan en Barcelona un trasplante pionero de tráquea mediante ingeniería celular

Implantan células madre para reconstruir un seno con la grasa de la paciente

James Canton[2], en su libro "The Extreme Future", escribe que la medicina en el año 2020 será:

El año 2020 no está tan lejos como parece y ya hay ejemplos de esta nueva medicina que ilustran este cambio que no sólo se avecina, sino que está aquí.

El impacto que estas nuevas posibilidades está teniendo y, sobre todo, tendrá en el futuro de nuestras consultas será inmenso. La expectativa de poder vivir más y mejor y de poder hacer más cosas o cosas que no hacíamos antes, es una invitación a cambiar nuestras demandas y expectativas y con ello nuestro comportamiento.

Como veremos más adelante, las tendencias dominantes comienzan a ser vivir intensamente. Si hay algo que contribuirá a eso será sin la menor duda el poder trabajar con nuestro cuerpo para alcanzar dichos objetivos.

---

[2] **Canton, James (2006):** *The extreme future.* Dutton.

Nanotecnología

La nanotecnología es sin lugar a dudas el elemento más importante para que muchos de los descubrimientos o ideas que los científicos hagan o tengan se conviertan en realidad. Está aquí y está para formar parte de nuestras vidas como hoy lo hace el acero o el plástico. Cuando hace apenas unos años (cuatro o cinco) empecé a hablar de nanotecnología en mis clases o en mis conferencias, la mirada y sonrisa de la audiencia siempre denotaba, en el mejor de los casos, lo mismo: *"Éste es un fantasioso".* Pensábamos entonces que la llegada de la tecnología a la vida civil requeriría diez años.

Las previsiones eran erróneas: en menos de cinco años ya hemos visto cómo la nanotecnología ha desembarcado y nos empieza a rodear. Pero lo más importante está por llegar: su aplicación a todos los campos de la ciencia, especialmente a la medicina, a las comunicaciones y a la ingeniería en general.

En el campo de la medicina, las líneas de investigación abiertas son muy amplias, así como su conjunción con la genética, en todas sus vertientes. Y la computerización producirá resultados asombrosos como las nanoenfermeras, los robots de tratamiento y diagnóstico y todo tipo de prótesis. El hombre biónico está definitivamente más cerca que nunca y ya podemos ver muestras de ello en nuestra sociedad (ojo artificial).

En la ingeniería, las nanoestructuras cambiarán nuestro transporte, motores, empresas..., todo. Los estudios que se están haciendo en la actualidad muestran que las nanoestructuras podrán presentar rendimientos muy superiores con mucho menor peso que las actuales y la configuración de todos ellos puede impulsar la robótica a niveles sólo vistos en las películas de Hollywood (padre nano robot).

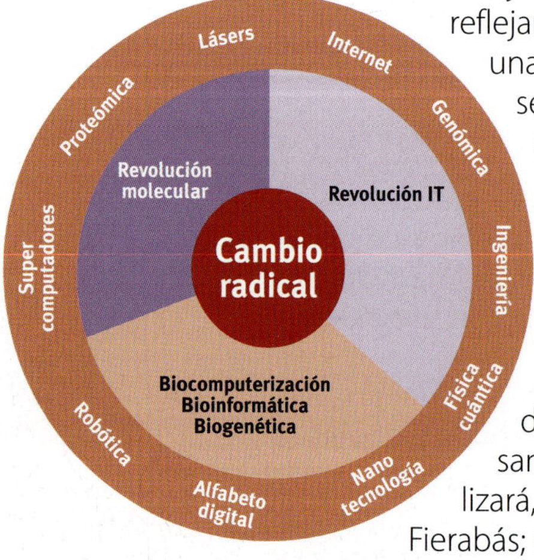

Los ejemplos son tan numerosos que no es posible reflejarlos aquí. En las siguientes páginas encontrarán una simple muestra de lo que en este momento se está haciendo en el mundo con productos y compañías reales que HOY, YA, están en estos terrenos. Y los ejemplos están no para que piensen que todo esto es una fantasía, sino una realidad que, si no comienzan a abordar de manera inminente, pueden dejarles fuera de mercado. No sólo por su competencia, sino porque sus clientes y consumidores se lo demandan. No me irá a decir que está pensando que cuando se lo pidan empezará o lo utilizará, ¿verdad? Porque esto no es el ungüento de Fierabás; es todo un nuevo concepto tecnológico que requiere conocimiento, inversión, adaptación y tiempo. Si no lo hace y llega tarde, por lo menos no diga que nunca le avisó.

La explotación comercial de la nanotecnología parecía lejana en el tiempo, pero la realidad ha superado la ficción y poco a poco comienza a desarrollarse es todos los sectores. Por cierto, ¿sabe cómo lo está haciendo en el suyo?

KODAK produce las pantallas OLED hechas con láminas de nanopolímeros para los equipos de música de los coches, los teléfonos móviles, PDA, portátiles, cámaras.

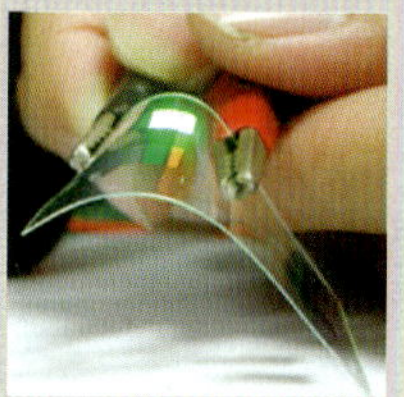

Eddie-Bauer usa Nano CareTM, un proceso de protección de fibras (una a una) que protege los tejidos de la suciedad y que además protege de los rayos UVA. Dockers fabrica vestidos con un producto similar llamado "Stain Defender".

Smith & Nephew comercializa una funda antimicrobiana cubierta con plata nanocristalina que mata a un amplio espectro de bacterias en menos de 30 minutos.

Mincor TX TT de BASF protege los tejidos del agua y las manchas.
Las ventas de polímeros de dispersión de BASF son ya de 1.650 millones
de dólares al año.

Los investigadores del Pacific Northwest National Laboratory han desarrollado un proceso de cobertura que atrapa los metales tóxicos del agua como plomo o mercurio que pueden ser reusados una vez capturados.

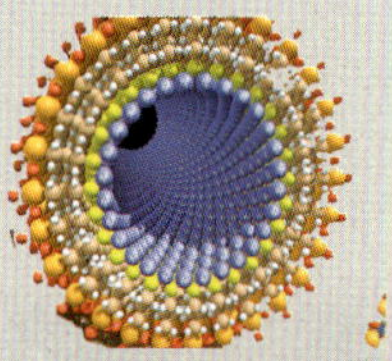

BASF ha desarrollado una nueva generación de filtros UVA para la protección total de la piel durante todo el día, basados en nanofiltros.

La mayor compañía china de carbón, Shenhua Group, ha licenciado la tecnología que permite licuar el carbón y convertirlo en gas por medio de un proceso de nanocatálisis que reduce el coste y mejora la eficiencia.

Está en proyecto el primer barco pesquero construido con nanotecnología. El proyecto es español (21 empresas y 28 grupos de investigación) y se llama Buque Autómata Inteligente Polivalente 2020 (BAIP 2020).

Nanodyne fabrica un compuesto de tungsteno-carbono-cobalto tan duro como el diamante que se usa para hacer piezas de corte, armazones y piezas de motores de aviones.

Toyota comenzó a utilizar nanocompuestos en el año 2001. El Safari y el Astro de GM lleva un nanocompuesto plástico resistente a las rozaduras, de peso ligero y antipolvo que refuerza las estructuras y reduce el peso.

Argonide Nanomaterials fabrica filtros de nanoaluminio capaces de filtrar sub-micrones y nanopartículas. Este filtro de usar y tirar retiene más del 99,9999% de los virus que las membranas porosas no retienen. Se usa actualmente en esterilización y en biología y medicina.

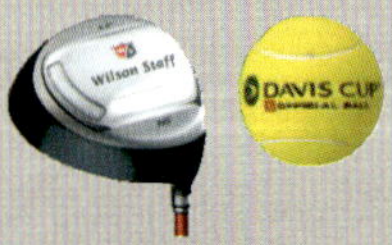

Wilson comercializa sus drivers Pd5, Dd5, Td5 (MSRP) y FwC (MSRP) con coronas construidas con nanocarbón. Las bolas de tenis Double Core de Wilson tienen una cobertura de nanocompuesto que hace que la bola dure dos veces más que una convencional. El compuesto, fabricado por InMat LLC, se empezará a utilizar en neumáticos.

Nanoledge hace nanotubos de carbón que se utilizan en las raquetas de tenis de Babolat, las raquetas que usa Rafa Nadal.

Aumento de la población

El aumento de la población es con mucho el factor sociológico que mayor impacto tendrá en el mundo, ya que a los 6.000 millones de personas de hoy en día deberemos sumar otros 3.000 millones de aquí al año 2050.

Y el impacto en economías, industrias y mercados será realmente notable por motivos fundamentales y por ello alarmantes, especialmente si consideramos que nacerán en África, Asia, India y Sudamérica, por lo que a los ya acuciantes problemas de falta de alimento y de agua, habrá que añadirle un 50% más de población.

Las tensiones esperadas en alimentación y en agua serán por lo tanto críticas si consideramos que ya debemos afrontar situaciones de escasez técnica, consecuencia por una parte del aumento actual de consumo y, por otra parte, del efecto que las catástrofes naturales causan en los campos de cultivo. Éste ha sido el caso, por ejemplo, de los arrozales de Tailandia, anegados tras el tsunami del año 2004. A esta situación debemos añadir el consumo de cereales que se realice para biodiesel, especialmente hasta que fuentes alternativas de energía para el transporte estén disponibles.

Pero no sólo esto. Si repasamos el artículo de Alicia González mencionado con anterioridad, veremos que la clase media crecerá también en el mundo y con ello las demandas de productos como la tecnología, la carne, la madera, el textil, los automóviles, etc.

Y todo esto es sólo una parte del problema. Alimentar al mundo con cereales y carne y suministrar la materia prima para el biodiesel requiere agua, el auténtico bien escaso. Ya en la actualidad hay 900 millones de personas que tienen que caminar cuatro horas al día para poder tener agua. Si consideramos que en estos momentos el índice mundial de cobertura de agua para beber es del 83%, y del 59% en el caso de agua para usos sanitarios, veremos que la situación será de tensión, de mucha tensión. De hecho una mirada al mapa de los organismos internacionales muestra la escasez extrema prevista para vastas zonas de África, Asia y todo el Oriente

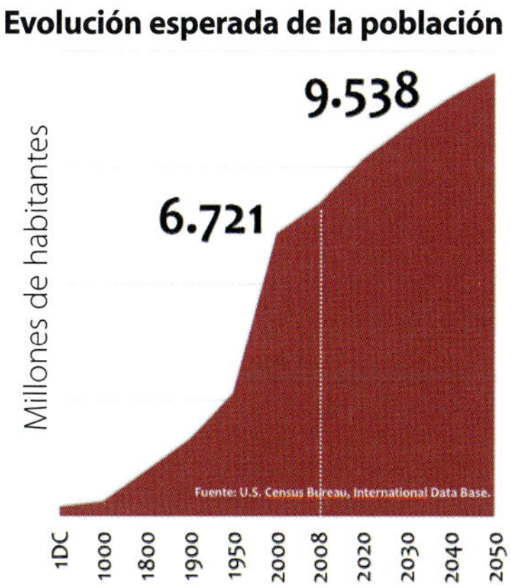

Medio, lo que significa que no sólo no habrá agua para el desarrollo económico, tampoco para necesidades físicas. Es evidente que las nuevas tecnologías deberán dar respuesta a estas necesidades.

Hasta que esto llegue, tenemos que esperar un incremento en precios de los productos básicos con el subsiguiente impacto en la renta disponible después de cubrir las necesidades fundamentales.

Otra de las consecuencias de la superpoblación se encuentra en los movimientos masivos de personas hacia las ciudades en busca de trabajo, servicios, etc. La masificación de las mismas será un desafío para las administraciones públicas en términos de servicios y seguridad ciudadana. El reto no será menor para las empresas, que deberán acomodar sus estrategias para poder servir a cada vez más ciudadanos, como ya ocurre en muchos países.

Nos enfrentamos pues a una situación de magnitud no menor que puede alterar la estructura social y hacer que muchos de los parámetros actuales de competitividad se cuestionen y deban modificarse.

Se estima que de los 3.200 millones de personas que viven en ciudades en 2005 se pasará a 4.900 millones en 2030, registrándose la mayor parte del crecimiento en los países en desarrollo (de 1.900 millones a unos 3.800 millones).
En 2030, el 57 por ciento de la población de los países en desarrollo vivirá probablemente en zonas urbanas, frente al 43 por ciento en 2005.

El debate ya lleva años encima de la mesa y, como no podía ser de otra manera, genera situaciones y opiniones contrapuestas. Sea lo que sea, creo que todos los que estamos en la calle estamos de acuerdo en que algo está pasando con la naturaleza. A lo que esté pasando debemos añadir el desgaste que requiere la superpoblación anteriormente mencionada, así como el impacto que el aumento de la clase media tendrá en el consumo de bienes y servicios limitados ahora a unos cuantos.

Iniciativas como Kyoto y otras no han terminado de poner freno a esta situación porque, evidentemente, los intereses involucrados son muchos y variados. El capital de la Tierra, cuanto menos, está bajo estrés. Un estrés que debería controlarse para evitar un posible colapso. Los datos aquí reflejados son sólo una muestra de lo que está pasando ahí fuera y quieren servir como un punto de reflexión sobre esta realidad y también sobre lo que, más temprano que tarde, nuestros consumidores van a demandar. Pero no sólo eso; en un futuro no muy lejano no deberíamos extrañarnos de que países productores o suministradores de bienes o servicios comenzaran a cargar impuestos sobre esos bienes en función del impacto que tengan sobre el capital natural del país en cuestión.

- **Superficie mundial de bosques: 3.500 millones de Ha de bosques.**
- **El mundo pierde cada año una superficie de bosque de 90.000 km^2 equivalente a la superficie de Portugal.**
- **Cada dos segundos se destruye una superficie equivalente a un campo de fútbol.**
- **El 78% de los bosques primarios ya han sido destruidos.**
- **El 55% de la madera cortada se utiliza como combustible para desarrollar carbón vegetal.**
- **Más del 20% del oxígeno que se produce en el mundo lo produce el Amazonas, que contiene el 20% del agua potable del mundo o del 66% si no contamos con los cascos polares. Es la región con más lluvia del mundo.**
- **La pérdida de bosques genera 2.000 millones de Tm de CO_2 al año. La deforestación representa el 25% del total de las emisiones de dióxido de carbono.**
- **Hoy la deforestación se produce por tala e incendios; mañana, el cambio climático será la mayor causa del cambio climático.**

La situación forestal es preocupante, especialmente en el caso de la Amazonía, auténtico pulmón del mundo (la zona del Amazonas acumula el 20% del agua potable del mundo y bosques contribuyen al 20% del oxígeno del mundo). Otro de los aspectos críticos es el del suelo, tema del que no se habla, pero que representa un problema de primera magnitud, sobre todo si consideramos las tensiones que se producirán en relación con la alimentación de la humanidad. En este sentido debemos mencionar el avance de la desertización y la destrucción del sustrato como elementos de preocupación global.

Pensemos que un cm^2 de buen sustrato tarda 500 años en crearse por la naturaleza y que cada año se destruyen 75 miles de millones de toneladas de sustrato en el mundo. Esto hace que la superficie agrícola que todos los años se abandona por este motivo sea de 120.000 km^2 al año, es decir, una extensión como Extremadura y Andalucía juntas. (http://edro.wordpress.com/200802/18/topsoil).

Es evidente que las tensiones medioambientales tienen impacto también en el mar y la biodiversidad de nuestro planeta. Ambos aspectos son fundamentales a la hora de mantener un desarrollo equilibrado y sostenible. Especial consideración debe hacerse en el caso del mar y los océanos, fuente de riqueza y de vida para la humanidad.

La degradación del suelo afecta a 1.200 millones de personas que viven de la agricultura y la ganadería. 200 millones se ven obligados a abandonar sus tierras.

Se destruyen 93.000 km² de sustrato al año, el equivalente a la comunidad de Castilla-León. El hombre destruye 25 veces más sustrato que la naturaleza. Los países mayores consumidores destruyen su suelo mucho más rápido que la naturaleza lo crea.

Fuente: Elaboración propia.

Según la UICN cada año se extinguen en el planeta entre 10.000 y 50.000 especies.

El 60% de la población mundial vive a menos de 60 kilómetros de la costa. De acuerdo con el Programa de Medioambiente de la Naciones Unidas, este porcentaje aumentará al 75% en 30 años. Cada vez más personas viven en la costa. Sumado esto al turismo, las implicaciones medioambientales son importantes: de las 13.200 especies que viven en el mar, el 80% son costeras. Según la UICN, cada año se extinguen en el planeta entre 10.000 y 50.000 especies.

Todo lo anterior es una realidad; apocalíptica para unos, para otros no. Parece necesario alcanzar ciertos acuerdos globales similares a la UNCLOS que regula los mares y océanos del planeta. Esta convención, asumida por 155 países, ha supuesto un importante cambio en la manera de gestionar los recursos del océano. Sería recomendable realizar algo similar con otros recursos. Y mejor antes que después.

Energía

Punto y aparte merece el tema de la energía. Un mundo que se desarrolla, un mundo que crece, necesita energía, y si tenemos en cuenta los factores de superpoblación, aumento de la clase media, necesidades de alimentación, etc., aún más, especialmente en los países en vías de desarrollo.

La energía mundial se basa hoy en los combustibles fósiles, ya que la energía nuclear y la energía renovable todavía están muy lejos de poder suministrar al mundo la que necesita. Por otra parte, la situación de las reservas indica que el petróleo es cada vez más escaso y se prevé que se agoten hacia el año 2030.

Aunque esta fecha es "flexible", sí es cierto que si las nuevas tecnologías no permiten explotar los yacimientos más difíciles y más profundos, estaremos en situación complicada dentro de muy poco. Y si las nuevas tecnologías sí lo permiten, entonces su precio puede ser insoportable para las economías desarrolladas, dada la pujanza de las economías en desarrollo.

El carbón es otra fuente muy importante en el caso de China, imprescindible para su economía, por lo menos en el corto plazo. Aunque las reservas de este país son extensas, no son suficientes como para cubrir todas sus necesidades, y además es extremadamente contaminante.

En el caso de España, la situación es conocida: somos absolutamente dependientes del exterior. Aunque nuestro proyecto de energías renovables generará un 12% de la que consumimos, el proteccionismo que se ejerce sobre ella y su limitación para suministrarla en momentos "pico" hace que nuestra independencia energética diste mucho todavía de ser una realidad.

España debe abordar una nueva estrategia para ser independiente energéticamente y ayudar de esa manera a nuestra competitividad y crecimiento. El impacto en el IPC del precio del petróleo en los últimos años justifica la necesidad de una nueva hoja de ruta.

Se prevé que el consumo de energía el mundo se incremente en un 60% del año 1997 al 2020, especialmente en los países en desarrollo. Esta mayor demanda requiere soluciones viables para no dañar el medio ambiente.

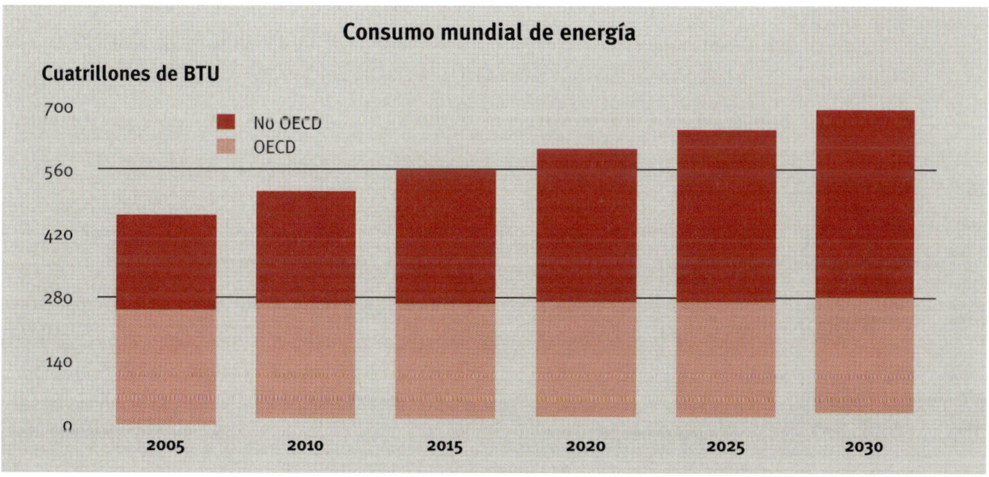

Las alternativas, no obstante, están ahí. Las nuevas centrales nucleares, los llamados "Peeble Bed Reactors", suponen una alternativa real para afrontar los problemas fundamentales de las centrales más antiguas. Es decir: se "autoapagan" al detectar un posible error en el ciclo; sus residuos son de mucho más fácil manejo, su combustible no es utilizable por terroristas como armamento, son más productivos que los sistemas actuales y no requieren manipulación por parte del ser humano.

China y Australia ya los tienen y Francia inicia la construcción del primero de manera inminente. Claro, hablar de energía nuclear no es muy popular, y como además puede tener un coste político, sencillamente se ignora.

Esta postura choca frontalmente con la que sostiene James Lovelock, quien después de ser el padre del concepto "Gaia", que inició el proceso global de concienciación sobre el efecto de la contaminación sobre el medio ambiente, defiende que la energía nuclear es la única alternativa verde para las necesidades de crecimiento del planeta.

> *James Lovelock: La energía nuclear es la única solución verde. No tenemos tiempo de experimentar con fuentes de energía visionarias; la civilización está en peligro inminente. (The Independent, lunes 24 de Mayo de 2004).*

Les recomiendo que lean alguno de sus postulados, aunque sólo sea para tener una aproximación a su visión de las cosas y conocer puntos de vista diferentes y realistas que, debido al efecto de los medios y de los lobbies, no suelen tener reflejo en la sociedad actual. Por lo menos en la nuestra. (http://www.ecolo.org/lovelock/).

El hidrógeno es otra de las posibles fuentes de energía que se encuentran en estudio, es verde y es ilimitada, pero no se encuentra aislado, por lo que obtenerlo es por el momento más caro y más contaminante que la propia solución. Pero es la solución, al menos para su uso en el transporte y la industria, ya que más del 80 % del consumo de combustibles líquidos es para transporte y uso industrial.

Las más importantes marcas de automóviles ya han iniciado este trabajo. Por supuesto, la tecnología funciona, pero estamos a la espera de su industrialización. Y el hidrógeno no es sólo para automóviles, y las industrias; puede también suministrar energía para las casas. Con ese propósito se están construyendo las primeras plantas en el mundo. La primera en San Francisco que, una vez terminada, dará energía a 150.000 hogares.

A un nivel mucho mayor de investigación, quizá convendría darnos una vuelta por internet para investigar lo que es el ITER y ver los progresos que se hacen en el tema de la fusión como fuente de energía. A primeros del mes de febrero de 2009, concluía en Finlandia la construcción de la pieza clave del reactor de fusión. Los resultados están lejos todavía, pero este centro de investigación, junto con las investigaciones del acelerador de partículas del CERN, pueden traer soluciones a la generación de energía en un tiempo más corto de lo que pensamos, especialmente si las nanoestructuras y la nanotecnología se siguen desarrollando a la velocidad que parece se está haciendo.

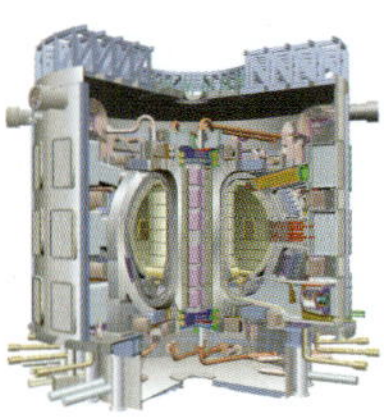

Modelo del reactor del Iter.

Nadie está dispuesto, los primeros los ecologistas, a apagar los interruptores de luz de sus casas, ni a ir andando, ni a pasar frío en invierno; por eso necesitamos afrontar y buscar una solución al problema siendo realistas, no sensacionalistas, una solución que nos haga salir de esta situación de tensión energética que poco bien nos puede hacer, al menos hasta que nuevas alternativas sean viables.

La energía es pues otro de los factores clave que hay que considerar, ya que su escasez y previsible incremento de coste no sólo frenaría el desarrollo, sino que reduciría aún más el poder adquisitivo de las unidades de consumo, añadiendo presión adicional en el consumo de otros bienes y servicios no considerados de primera necesidad y lastrando las economías de los países más dependientes.

Hay soluciones disponibles y otras están ya desarrollándose. Sólo falta la voluntad política de abordar los posibles problemas con realismo y tomar las decisiones necesarias para ello.

Pero ese problema no es el único. La crisis, la escasez y el estrés a los que podemos estar sometiendo a nuestro capital natural, es otro de los factores que condicionarán las próximas décadas. Nuestros consumidores serán cada vez más conscientes no sólo del problema en sí y del desgaste que supone para el planeta, sino por el impacto que esto va a tener en nuestro día a día. Agua, alimentos, suelo, naturaleza y energía están tan imbricados con el ser humano que cualquier variación que se produzca en ellos tiene un efecto inmediato en la sociedad. Por todo ello, los consumidores serán cada vez más exigentes con estos aspectos y demandarán más de las empresas y de su modo de hacer las cosas. Su comportamiento de compra y actitud hacia los productos, los servicios y las empresas que los suministran estarán por lo tanto condicionadas por ellos. Yo en su caso me empezaría a preparar; más vale antes que después, por que cuando el tema ecológico "estalle", lo hará de manera inmediata y sin vuelta atrás.

No es ninguna novedad. Desde que el mundo es mundo, la comunicación es la esencia del progreso para la humanidad. Si partimos de la base de que el ser humano es el único que puede dibujar escenarios que aún no han ocurrido y de "idear" cosas que no existen, la comunicación permite la socialización y el desarrollo de las mismas, y por lo tanto la evolución social. Y de lo que no cabe la menor duda es de que el desarrollo de la tecnología ha permitido un nivel de comunicación que nunca ha habido.

Por ello, la comunicación TOTAL será (ya lo es) determinante. Las empresas que no entiendan esto y no desarrollen estrategias, estructuras y planes al respecto estarán fuera del mercado. Sin discusión.

Y es que no sólo los consumidores quieren estar comunicados; sucede que las nuevas tecnologías proporcionan formas de comunicación mucho más versátiles y ofrecen posibilidades de comunicación a personas y más cosas, algo que antes podría parecer de ciencia ficción.

Los datos son realmente apabullantes. En la conferencia que pronunció Javier Rodríguez Zapatero (director general de Google España) en el foro de directivos de ESIC en octubre de 2008, apuntó los datos que ofrecemos aquí y que hablan por sí mismos. Sencillamente, ya no podemos estar desconectados de nada ni de nadie.

- **1.400 millones de personas conectadas a internet**
- **3.100 millones de personas con teléfono móvil; 400 millones con conexión a internet**
- **1 iphone genera 30 veces más búsquedas en internet que un teléfono normal**
- **Español, cuarto idioma en internet**
- **1.000 millones de búsquedas en internet al día**
- **La falta de control de la distribución en internet ha favorecido su desarrollo**
- **118 mil millones de mensajes/emails en el mundo al día**
- **España, segundo país en blogs**
- **280 millones de personas pertenecen a alguna red social**
- **120 millones en facebook, hace dos años nadie lo conocía**
- **España, primer país en consumo y desarrollo de entretenimiento en internet**
- **Trece horas de subida de video al día en You tube**

En el corto, cortísimo plazo, debemos considerar y seguir de cerca tres palancas:

La primera es la evolución de The Grid, creado (una vez más) por el CERN. Originalmente era un proyecto para unir en red la capacidad de computerización disponible en diferentes servidores.

Ahora se ha convertido en una red alternativa para poder transmitir toda la información que el nuevo y famoso acelerador de partículas generará entre la comunidad científica. Lo que caracteriza a este nuevo The Grid es que su capacidad de transmisión es 10.000 veces superior a la banda ancha. Diez mil. Hoy en día ya hay 55.000 servidores conectados y en el 2010 se espera que lo estén 200.000. La futura y previsible declinación de esta estructura a empresas y particulares revolucionará el mundo de la comunicación persona a persona y punto a punto.

La segunda palanca es la nanotecnología aplicada al hardware y componentes electrónicos de los aparatos de nuestra vida diaria como ordenadores, telefonía móvil, neveras, hornos, coches, etc. Por el momento quédense con el proyecto Morph (concept mobile) de Nokia y con el ya existente Prescott, el nuevo procesador de Intel con 125 millones de transistores. Estos nuevos procesadores no sólo aumentan la capacidad sino que permiten multitareas y la reducción del tamaño de chips y componentes para incorporarlos a cualquier elemento.

La tercera palanca es la fibra óptica, todavía por explotar a nivel privado pero que supone un aumento de la capacidad de transmisión realmente notable, con un ancho de banda teóricamente de hasta 1 THz y con velocidades de transmisión totales de 10 Tb/s. (1TB = 1 Terabyte = 1000 Gigas = 10'2 bytes. La velocidad actual de Imagenio de Telefónica es de 6Mb).

Éstos, entre otros elementos que se irán desarrollando, dibujan un panorama de comunicación e interconexión exponencialmente mayor de lo visto hasta ahora. Sí, es cuestión de tiempo y de dinero. Pero, ¿recuerda cómo era su móvil apenas hace cinco años? Esto irá más rápido de lo que parece, créame. Y nos permitirá hacer cosas impensables hasta el momento.

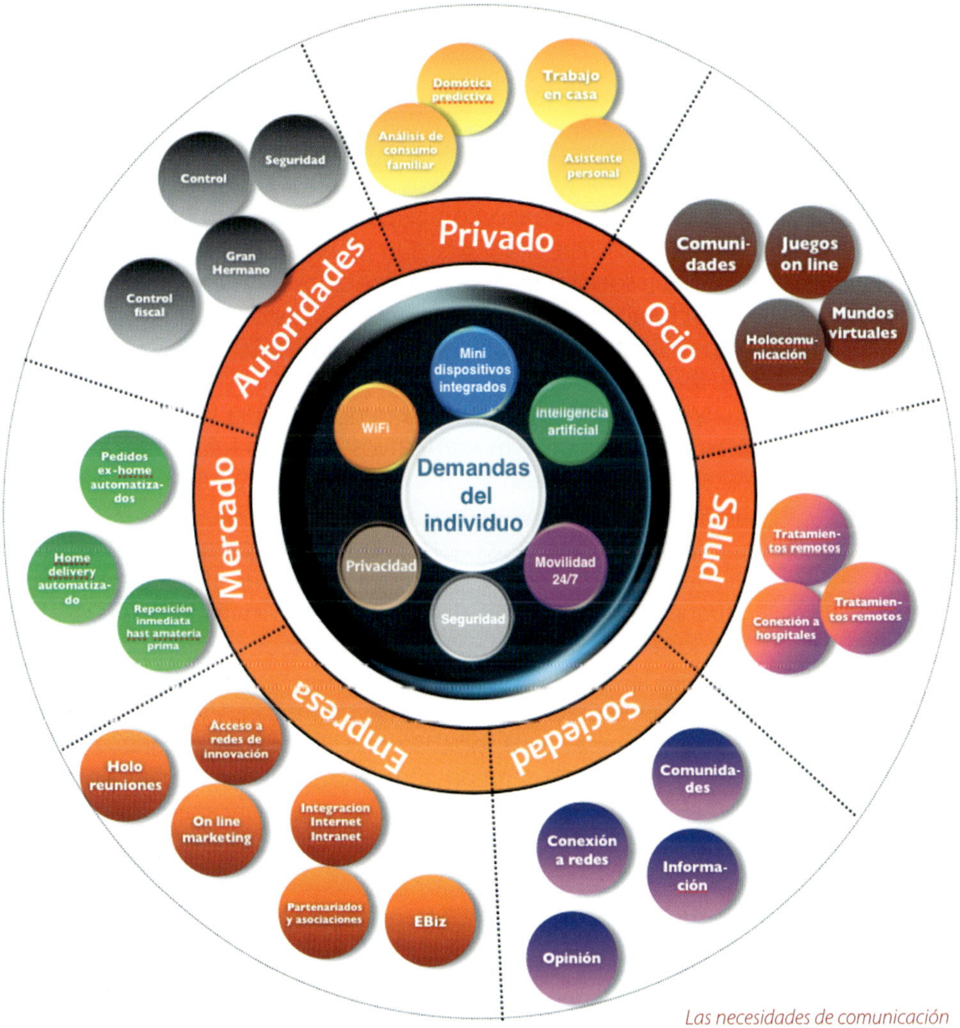

Las necesidades de comunicación (centro) darán lugar al nacimiento de numerosos productos y servicios en todos los ámbitos (rueda) del individuo, y todos ellos interconectables entre sí a voluntad de la persona.

En cualquier caso, las empresas deberán afrontar desde YA sus sistemas y arquitectura de comunicación con sus clientes, proveedores y en general con todos aquellos que tengan relación directa o indirecta con la misma. Mientras que esto hoy puede ser un factor diferencial, dentro de muy poco será higiénico. ¿A qué espera?

Y finalmente llegó.

Claro, ahora todos se apuntan al "ya lo dije yo". Y lo cierto es que todos esperábamos tarde o temprano una ralentización de la economía. Ya saben, lo del efecto péndulo. Pero lo que nadie se esperaba era que fuera de esta magnitud. Probablemente por dos motivos que caracterizan a esta crisis: primero, porque es la primera crisis realmente global que tenemos; y segundo, y más importante, porque afecta directamente al corazón y motor del capitalismo: el dinero y las finanzas. Y con ella han llegado viejos discursos sobre modelos sociales y económicos que parecían olvidados.

Transformación del Capitalismo

En el caso de España la situación es especialmente preocupante, como ya empezamos a ver cuando comparamos el cuadro macroeconómico con otros países desarrollados. ¿Por qué? Porque a la crisis financiera que tenemos que superar y a la económica y social que ya se ha generado, deberemos sumar la crisis estructural de nuestra economía, una economía excesivamente dependiente de la construcción y de las 10 grandes compañías del IBEX 35.

Me perdonarán si sigo insistiendo en que la falta de sistemas alternativos es uno de los motivos que han hecho que el capitalismo haya generado sus propios excesos y errores y que éstos ahora deban ser corregidos.

Lo cierto es que muchos más millones de personas tienen hoy en el mundo más acceso a cosas y que la desaparición del concepto "buenos-malos" nos dejó con el de "todos somos buenos e iguales y por lo tanto todos podemos tener de todo… a cualquier precio". Además, la voracidad desmedida de las empresas por obtener resultados incrementales y el deseo de propiedad o/y posesión de más bienes por parte de la sociedad, han hecho que el crédito se extendiera sin ningún control por todo el mundo como en una gran partida de Monopoly en la que las personas apalancábamos rentas futuras basadas en plusvalías futuras y en trabajos futuros que, como tales eran inciertos.

En cualquier caso, parece que la situación ha cambiado tanto que aquellos principios que inspiraban el capitalismo no se han cumplido en la medida en que el crédito crecía, y que el libre mercado se expandía por el mundo. Revisemos algunos de los axiomas y su posible realidad en el mundo actual.

Estos, entre otros factores, pueden ilustrar que los principios del capitalismo han estado degradándose a lo largo de las últimas décadas. Para salvaguardar nuestras plusvalías e inversiones, especialmente las occidentales, nuestros planes de pensiones, etc., hemos aceptado el "todo vale". Y claro, no todo vale. Y al final pasa lo que pasa.

Dejemos a los expertos analizar las cosas y que nos cuenten sus conclusiones; dejemos que los medios de comunicación se hagan eco de las mismas en función de su línea editorial y de sus intereses. Al final, los únicos que tendrán razón serán el mercado y sus consumidores. Consumidores que no sólo deben abordar la recuperación de todo el sistema, sino que aprenden. Y créanme que, después de esta crisis, que promete ser muy dolorosa, nuestros consumidores se lo pensarán todo mucho más. Las empresas deberán afrontar nuevas fórmulas para poder estar a la altura de la nueva situación.

Hemos empezado un nuevo camino macro y microeconómico que sabemos dónde empieza pero cuyo final desconocemos. Al final, será para bien, seguro; pero el camino será largo y tenemos que estar preparados. Vamos, ¡¡no se acobarde y sea optimista! Innovación, trabajo, talento y actitud son las claves. Las tiene dentro de su empresa, ¿no?

¿SE CUMPLEN LOS POSTULADOS FUNDAMENTALES DEL CAPITALISMO?

POSTULADO	REALIDAD
Existe competencia con iguales condiciones para los actores.	China mantiene una economía y una moneda protegidas con condiciones laborales desiguales frente a Occidente.
Los medios de producción pertenecen al sector privado con el propósito de obtener beneficio.	El 45% de la producción mundial de bienes está en manos del gobierno chino. Las mayores multinacionales han aceptado producir en China en empresas "mixtas". No es posible competir libremente en estas condiciones a nivel global.
El libre mercado y comercio generan paz y prosperidad.	La diferencia entre países pobres y ricos es cada vez mayor. El número de personas que viven con menos de 1 $ al dia es de 1.100 millones.
Inversiones, distribución ingresos y precio de los bienes está determinado por el mercado.	Las grandes empresas se han concentrado, llegando a situaciones de pseudomonopolios globales.
El estado debe jugar un papel mínimo y sólo intervenir como regulador para suavizar los ciclos económicos.	Los países y todos los bancos centrales están interviniendo de manera activa en la crisis actual.
Las garantías de la propiedad privada son esenciales.	La mayor parte de los países en desarrollo y todos los subdesarrollados carecen de garantías sobre la propiedad, tienen altos niveles de corrupción y el Estado expropia sin garantías. Esto no sólo restringe la inversión extranjera sino que convierte las rentas y donaciones en "capital muerto".

Segunda Parte

Consumidores extremos, comportamientos extremos:

¿seguro que sabe lo que sus consumidores realmente buscan?

Resumen

Si pudiéramos saber lo que va a pasar, si pudiéramos saber qué va a hacer nuestro consumidor o cliente, la vida sería más fácil aunque, reconozcámoslo, un poco más aburrida.

Esta segunda parte pretende abrir las ventanas que dan a nuestros consumidores. ¿Qué les mueve? ¿Qué les va a mover? ¿Cuáles son las palancas que hay que conocer dentro el macroentorno que hemos dibujado? ¿Qué hacer para conquistarles? ¿Están cambiando los consumidores? ¿Cuánto? ¿Hacia dónde?

La respuesta puede ser, y es, relativamente sencilla: a lo largo de las sesiones que tengo con alumnos de postgrado y empresas como consultor de Estrategia y Marketing en ESIC, no me canso de repetir que los "para qués" de los consumidores y clientes permanecen invariables a lo largo del tiempo, mientras que los "cómo" y los "con qué" son los que varían. El "para qué" compramos un detergente no ha variado ni variará. Pero que hoy lo hagamos con uno líquido y en la lavadora o que llevemos una prenda a la tintorería (cómo y con qué) sí lo ha hecho, y lo hará. Y es que es aquí donde la enorme capacidad de decisión del consumidor actual se manifiesta, generando la actual diferencia en comparación a hace apenas unos años.

Nuestro consumidor es diferente a lo que era hace poco tiempo, es evidente. Y lo es por todos los cambios que se han producido en los últimos años. Y por lo que ha probado y visto, y le ha gustado, y mucho. Por ello, independientemente de que estemos en crisis y de que ésta vaya a durar más o menos, no va a renunciar a lo que ha tenido. De ninguna manera. Porque los "para qués" permanecen invariables aunque uno tenga que satisfacer sus necesidades de manera diferente y con cosas diferentes.

Nuestro consumidor o cliente decide hoy lo que quiere, sin lugar a dudas y más que nunca. Y lo hace gracias a la capacidad de información que tiene y a las innumerables alternativas que le ofrece el mercado. Y lo hace condicionado por este entorno, que es frenético y está lleno de posibilidades y cosas nuevas.

En este entorno donde la vida cíclica y preestablecida no existe, donde las comunicaciones han supuesto la quinta revolución industrial y donde la genética y la nanotecnología ya han empezado la sexta sin que la anterior haya terminado, es donde nuestros mercados, clientes y consumidores se mueven. Un entorno donde el aumento de la población y la gestión del capital natural, desde un sistema socio-económico en revisión, serán claves para nuestro futuro.

Rodeados de los factores externos que hemos mencionado y apuntado en la primera parte, nos enfrentamos cada vez a más oferta y a mayor número de estímulos que hacen que nos cuestionemos, cada vez con mayor frecuencia, si "esto" merece la pena o no. En todos los sentidos.

Para entender a nuestro consumidor actual, debemos no sólo considerar todo lo anterior, sino preguntarnos cuáles son los factores o palancas internas que nuestra sociedad está desarrollando y que delimitan la actitud que tenemos hacia las cosas y las personas.

Tenemos que entender que nos enfrentamos a un mundo de extremos donde conviven grupos diferentes y polarizados en sus opiniones y comportamientos. Un mundo donde la clase media emergente asiática comienza a comportarse como la occidental lo hacía hace veinte años: consumista, marquista, con vectores de pertenencia muy altos y donde más es más; una situación muy similar a la esperable en los países del Este de Europa en pocos años. Un mundo en el que Occidente quiere descansar y conciliar su vida personal y laboral y donde menos es más, pero sin renunciar a lo anterior.

Nos enfrentamos por lo tanto a comportamientos diferentes que debemos abordar desde las empresas y resolver para poder mantener nuestro nivel de vida y mejorarlo de acuerdo a estándares diferentes. Dentro de dichos comportamientos vemos cómo una cosa y la opuesta conviven en los mismos individuos en la búsqueda de ese equilibrio necesario en la vida de cada ser humano.

Los elementos internos comunes que podemos ver en estas sociedades son los que tenemos que entender y asumir como elementos cruciales a la hora de establecer relaciones con nuestros consumidores y clientes.

En esta segunda parte veremos dichos elementos y sus diferentes polaridades y expresiones, así como los ejemplos de empresas que ya han encontrado este camino a la hora de hacer sus propuestas a los mercados y que con mayor o menor éxito se han acomodado a esta realidad.

Todas ellas nos demuestran la necesidad de estar atentos a los cambios del mercado y aclimatarnos a ellos a la mayor brevedad posible; mejor aún: adelantarse. Estos factores de carácter interno, unidos a los externos ya vistos, configuran hoy en día la base en la que el consumering se apoya para, desde las mismas y/o nuevas fórmulas, atender a los mercados.

¿Las vemos?

Capítulo 1

Yo soy, nosotros somos

El ser humano es un proyecto permanente de evolución y perfeccionamiento que no cesa de buscar respuesta a las mismas preguntas eternas. Dentro de eso, su definición como persona y su rol en la vida y en la sociedad subyacen en su comportamiento y decisiones.

Y en esta sociedad actual los individuos, no sólo usted y yo, claro, sino los millones que nos rodean, tienen una posible crisis de identidad. Mientras escribo esta página, alguien me comenta el mensaje que ha enviado a un programa de televisión a raíz de que la pareja que un concursante había elegido la semana pasada (después de meses de audiencia millonaria) le haya dejado por otro a los cinco días: "Es como si me hubieran puesto los cuernos a mí".

"Queremos ser quienes queremos ser; poder expresarnos de manera natural. "Es mejor ser uno mismo que una mala copia de otro."

(Mike Skinner)

Las audiencias millonarias de programas de TV dedicados a ver y saber de la vida de los demás muestran que a esta sociedad le pasa algo, algo que hace que pasemos más tiempo conociendo la vida de los demás que la propia. No importa que la temática sea sobre la convivencia en una casa, en una isla, en la vida real o en hospitales: la vida y los problemas ajenos están omnipresentes en nuestras casas, en nuestras vidas y forman parte de las conversaciones con los demás, en oficinas y cenas.

Los referentes sociales de cada momento, eso sí, los idolatramos para luego tirarlos a la basura con la misma rapidez con la que los proponemos. A ver, una pregunta de Trivial: ¿Quién fue el ganador de la segunda edición de Gran Hermano? ¡Ah!, que no lo veía; vale. ¿Y de la tercera de O.T.? ¿Lo ve? No dejan poso.

A falta de referentes en el mundo, a falta de "malos" oficiales, de estadistas, de líderes sociales, de sindicatos, de religiones oficiales y moral oficial, lo "políticamente correcto" se ha convertido en el referente y en un mundo de extremos y de usar y tirar. Por ello, el individuo se centra en sí mismo; todo gira alrededor de su "self": autoindulgencia, autoadmiración, autoservicio, autoayuda…

Cualquier cosa está relacionada con nosotros; el individuo ha hecho suyo el "Porque yo lo valgo" de L'Oréal y lo ha incorporado a su vida en todo lo que hace.

Yo Confieso

Pero el camino es largo y las dudas surgen en cualquier momento. En esta búsqueda de ser quien quiere ser, el individuo busca referentes a su alrededor. Los libros, programas, etc., de autoayuda y de temas que nos ayudan a ser de una cierta manera, proliferan y son los que más éxito tienen. Buscamos permanentemente los nuevos maestros, es decir, los "chamanes del cómo", que de manera práctica y rápida nos guíen y den recetas de implantación inmediata.

Asimismo, alimentamos un negocio de 50 millones de euros (sólo España, y son cifras oficiales) en las nuevas religiones: la quiromancia, la astrología, la Kabbalah..., todo aquello que dé respuesta a nuestra ansiedad por saber lo que nos está pasando y lo que nos pasará. Son los nuevos sacerdotes a los que recurrimos cuando necesitamos guía.

En la búsqueda de identidad no sólo necesitamos referentes y guías; también necesitamos confesar nuestros errores. Antes lo hacíamos en el confesionario o con nuestros mejores amigos o familiares más cercanos. Nos enseñan que los pecados hay que expiarlos, y lo hacemos pero de manera realmente poco intimista y con cero conexión con el otro. Así, la sociedad tiene hoy otras formas y lo hace de manera pública para que todo el mundo que esté interesado pueda oírlo.

Páginas web temáticas se especializan en ello. En www.drunkconfessions.com puedes confesar cómo de borracho has estado; en www.daliyconfession.com se enorgullecen de ser el único sitio donde puedes confesar tus pecados y transgresiones de manera totalmente anónima.

En e-admit.com también puedes expresar de manera anónima o no tus opiniones, sentimientos..., todo lo que se te pase por la cabeza. Y si eres más creativo, siempre te queda htpp://postsecret.blogspot.com/, un sitio donde publicar postales con texto y mensaje para expresar lo que quieras.

Presentadoras de televisión hacen suyos libros en los que se habla de experiencias sexuales en primera persona, sean o no verdad, pero en primera persona.

En el ranking de confesiones públicas se encuentra el programa de TV "El juego de tu vida" y en el que los concursantes deben responder con la verdad y delante de sus familiares, amigos y parejas a preguntas realmente comprometedoras sobre ellos. También sobre los que les rodean. Todo para ganar 100.000 euros... si el polígrafo lo permite. Dentro de este ranking tampoco nos podemos olvidar del nuevo reality de esta cadena: "La caja" en el que personas de la calle se someten a una terapia pública. ¿Increíble, no? O quizá lo más increíble sean las 1.300.000 personas que lo siguieron (23% share, el más alto en un primer programa de este tipo de la historia de la cadena).

La necesidad de referentes y de guías también nos lleva a valorar lo "retro", aquello que en su momento nos sirvió de referencia o de ilusión. Por ello, lo "retro" siempre tendrá su sitio en nuestras vidas. En abueling.com podemos encargar nuestro árbol genealógico. Y si no, comprar un Mini o un Fiat 500 rememorando los años iniciales de los Alcántara, serie que se mantiene sana a lo largo de los años sencillamente contando cómo era la vida en aquellos momentos.

Quiénes somos, quiénes queremos ser son preguntas eternas que aunque no siempre obtengan respuesta, sí podemos abordar actualmente. Ahora puedes no saber quién eres, pero puedes mostrarlo abiertamente: heterosexual, homosexual, transexual, casado, divorciado, maternidad individual..., todas las formas de identidad están disponibles y reconocidas para que cada uno pueda ser quien quiera ser o quien cree que es.

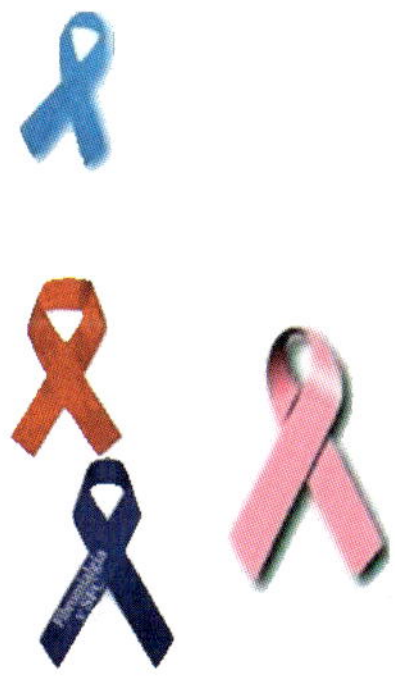

Apple, desde su origen, ya nos mostró el camino para los que se sentían especiales, y bajo el lema "Think different" ha conseguido una legión de fans que siguen a la marca fielmente.

Asimismo, la marca Dove lo entendió bien y usó sus campañas "pro age" y "real beauty" dentro del programa "The dove self-steem fund" para sensibilizar a las mujeres de cualquier edad sobre la importancia de ser una misma. En la marca de relojes Viceroy, Antonio Banderas y Shakira proclaman que lo importante es lo que eres, no lo que tienes.

Son sólo muestras de cómo las empresas construyen sobre las motivaciones de sus clientes, acercándose de esa manera a las necesidades subyacentes, a lo que realmente buscamos en este momento.

Entre todas ellas, y para terminar de explicitar la búsqueda de identidad de nuestra sociedad, no podemos dejar de mencionar las vidas virtuales, como es el caso de Gorillaz y especialmente de Second Life.

A primeros de diciembre de 2008, el número total de residentes en Second Life era de 16.302.384. Si no han entrado nunca, háganlo. No hace falta que se creen un usuario, pero deben verlo para entender mejor por qué las mayores empresas del mundo, las que lideran los diferentes mercados de consumo o servicios, están testando sus iniciativas y lanzamientos en este mundo que los propios residentes crean. Residentes que son creados por cada uno de nosotros bajo el genérico "avatar" y que refleja quién quieres ser en todos los sentidos: sexo, altura, color de pelo, etc. Es el karma de cualquiera: poder elegir todo en esta vida, ser quien realmente quise ser y relacionarme con los demás desde esa identidad.

El realismo, eso sí, ya empieza a tener consecuencias sociales, como en el caso recogido en la noticia de un divorcio admitido a trámite en Inglaterra por infidelidad conyugal entre "avatares".

REINO UNIDO | MUNDOS VIRTUALES

Se divorcian por un 'affaire' del marido con otra mujer... en 'Second Life'

- La demanda fue admitida ya que el marido incumplió su voto de fidelidad conyugal

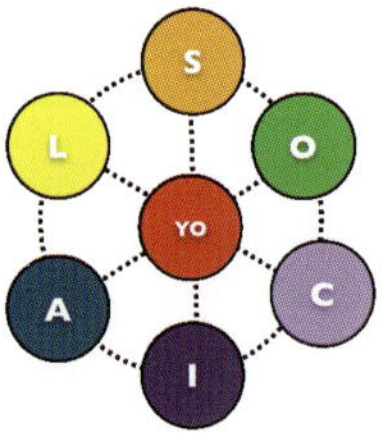

Pero no sólo somos individualistas y buscamos nuestra identidad; también somos sociales, necesitamos a los demás, vivimos con los demás. Por ello, y dentro de la polaridad de nuestros consumidores y clientes, ante un self fuerte nace un yo social fuerte que se manifiesta de maneras diferentes pero cada vez más intensas.

Un primer nivel de nuestro yo social intenta reconciliarse con las consecuencias de nuestro consumismo y busca, poco a poco, de manera progresiva, pero con paso firme, no dañar el medio ambiente que nos rodea. Cada vez somos más conscientes de esto y todo lo ecológico, natural, reciclable, trazable, etc., va abriéndose paso en nuestra sociedad.

Un segundo nivel de consciencia social está en las consecuencias de las catástrofes naturales. La posibilidad de poder presenciar casi en directo lo que está pasando en cualquier parte del mundo hace que nuestros sentimientos y solidaridad se muevan a la hora de atender las necesidades de los más perjudicados. Y eso conlleva un incremento del voluntariado y de los movimientos sociales.

> **"El mercado europeo experimentó entre 2004 y 2005 un crecimiento del 14%, alcanzando un volumen de 14.000 millones de euros en la actualidad, y siendo Francia, Alemania o Italia los países donde más se consume producto ecológico alimenticio".**
> **"El número de operadores se ha multiplicado por seis desde los años noventa al 2006, y la superficie cultivada de manera ecológica ha pasado de 4.000 hectáreas en 1991 a casi un millón de hectáreas en 2006".**
> *Fuente: http://secretosenred.com*

Las empresas, como respuesta, han desarrollado sus programas de RSC. El 52% de las 250 empresas más importantes ya publican memorias separadas sobre sus actividades en RSC. Además, un 58% de los empleados de estas compañías piensan que estos programas son importantes y apoyan a su empresa en los mismos.

Como extensión de este yo social, donde lo que se hace es tan importante como el cómo se hace, los llamados fondos éticos comienzan a proliferar así como los bancos que se posicionan en la misma propuesta: los clientes tienen algo que decir sobre dónde y cómo se invierte su dinero.

> **ROMA, viernes, 25 mayo 2007 (ZENIT_org).–Los inversores buscan cada vez más formas de ligar su dinero a principios éticos. En un reportaje el 30 de abril sobre esta tendencia, el Financial Times citaba datos que estiman la cuantía colocada en fondos religiosos –normalmente invertidos por parte de las iglesias– en cerca de 17.000 millones de dólares. Una categoría mayor es la de los fondos socialmente responsables, cuyos activos han subido de los 639.000 millones de dólares en 1995, a los 2.290.000 millones de dólares en el 2005. Se orientan según principios éticos más amplios, no necesariamente relacionados con una religión específica.**

La siguiente expresión del yo social es la del neotribalismo. Nuestros consumidores se agrupan no ya en las pandillas de siempre, sino en tribus cibernéticas donde el criterio de adscripción y pertenencia está en la similitud de códigos, creencias, emociones y aspiraciones que podamos compartir. Nuestra vida es una vida en sociedad que queremos compartir incluso con aquellos que no conocemos.

Aquel viejo dicho de "nunca hables con extraños y mucho menos te vayas con ellos", está totalmente caduco: nos pasamos la vida hablando y conociendo a otros que son perfectos extraños para nosotros: la comunidad hace el conocimiento porque como seres humanos, no podemos estar aislados.

Así, decenas de millones de personas de diferente sexo, edad, nacionalidad, etc., se conectan diariamente a redes sociales donde no sólo comparten con sus amigos aquello que quieren, sino que aquello que han subido es conocido por una red de personas que ni el propio originador conoce.

Las nuevas formas de juegos también pertenecen a esta esfera y la banda ancha permite jugar, aportar o conquistar mundos haciendo equipo con jugadores desconocidos para tener momentos de ocio que antes requerían compañía.

Este neotribalismo lleva a muchos no sólo a identificarse en internet, sino a marcarse con tatuajes para mostrar su pertenencia o adscripción a una marca en concreto.

Y, por supuesto, dentro de esta comunidad de intereses se encuentra el desarrollo del conocimiento o de las propias aplicaciones que luego los internautas usarán.

Es el mundo de las nuevas tribus en las que todos nos movemos, en las que las relaciones sociales se mantienen y en las que las personas se conocen para luego, quedar o no. Para muchos jóvenes no estar en ellas supone no existir en su mundo y en su sociedad, una sociedad claramente en red, una sociedad que hoy codifica de manera diferente el sentido de la pertenencia. Una sociedad profundamente individual, profundamente social y profundamente tribal en este mundo de necesidades extremas.

- Las marcas y productos deben considerar la identidad que proyectan sobre sus consumidores y clientes.

- La cercanía a los mismos y a su autoexpresión es esencial para desarrollar una relación a largo plazo.

- El producto o la marca se convierte en un elemento de sus vidas.

- Las marcas deben asimismo generar espacios sociales y responsables que sirvan de referente social al consumidor o cliente: una marca o producto que no permita sentirse orgulloso de mostrarla, no puede desarrollar una base fiel de consumidores.

An tAontas Eorpach
European Union

Capítulo 2

Mi libertad: soy, luego elijo

Libertad, una de las palabras más usadas y probablemente peor entendidas por la sociedad actual. Pero ahí está y preside los comportamientos de nuestros consumidores en el día a día. No vamos a entrar en la discusión de lo que el término significa, pero sí en lo que representa para nuestro consumidor en lo que a su actitud y formación de opinión se refiere.

Partimos de la base de que nuestro consumidor atraviesa una crisis de definición de la identidad que le lleva a jugar en la vida de los demás más que en la vida propia y a pertenecer a ciber-tribus en las que no sólo se relaciona, sino que se muestra y confiesa como es.

Es en esta sociedad repleta de información y en la que puedo ser quien quiero ser, donde los consumidores enarbolan sus estandartes de libertad que les hagan sentir que efectivamente pueden ejercerla.

Un primer aspecto a considerar en el ejercicio de la libertad es que nuestro consumidor está estresado y aburrido. Ya hemos visto que una consecuencia es que vivimos la vida de los demás como propia en esta crisis de identidad que hemos mencionado.

La otra consecuencia de esta sensación de "aburrimiento" con uno mismo nos lleva a buscar en el consumismo nuevas formas de estímulo. Quizá por ello, familias e individuos se desplazan cada fin de semana en busca de algo que comprar. No importa qué; compramos por impulso y eso nos gusta, nos libera y nos hace sentir bien.

Y para poder ejercer y disfrutar aún más de esa libertad y de la experiencia de compra, nuestro consumidor quiere elegir; más aún, quiere poder diseñarse su producto o servicio. ¿Por qué tener que aceptar lo que me ofrecen si puedo hacerlo yo mismo?

Nuestro cliente pasa por lo tanto de la diferenciación y del mass-customization al self-customization. El mensaje es sencillo: DÉJAME QUE YO LO HAGA… SI QUIERO.

Numerosas empresas han entendido esto y ofrecen alternativas para que sean sus clientes los que terminen de definir sus productos. Pensemos en Dell o en Starbucks y las posibilidades que ofrecen a sus clientes para configurar sus productos. O en Sephora, donde nuestra libertad está en poder tocar y probarlo todo. O en Renault, donde se ofrecen diferentes grados de configurabilidad. Y en el súmmum de la autoconfiguración My Twinn, donde podemos tener una muñeca con nuestra cara, o Anya Hinderich, con su famoso Be a Bag para aquellos que quieran personalizar su bolso con su foto, o la de su perro o lo que quieran.

Las ventajas son numerosas, pero hay una fundamental: si el consumidor no queda satisfecho, eso es porque él/ella han elegido mal y por eso las posibilidades de insatisfacción quedan reducidas. Mucho. Casi a cero.

Las empresas ofrecen por lo tanto más o menos grados de libertad en función de su modelo de negocio y posibilidades; el "yo sé lo que es bueno para mi cliente" ha quedado postergado porque, como es lógico, el que mejor sabe lo que quiere es el propio cliente.

El siguiente estandarte de libertad que nuestro consumidor enarbola es el de su opinión. Guiados una vez más por los medios de comunicación, opinamos sobre todas las cosas según lo que esos medios comunican y nuestra opinión es la que es; o lo aceptas o lo rechazas.

En estos programas que millones de personas ven todos los días se parte de la presunción de culpabilidad y se muestran posturas encontradas de imposible reconciliación, dada la personalidad de los contertulios y el rol que saben deben jugar. Y a los telespectadores les encanta porque les proporciona "material" para sus discusiones con amigos o compañeros de trabajo al día siguiente.

Una vez más, los medios ponen en bandeja la discusión para que sus audiencias tengan "tema del que hablar" sin que la escucha activa o el respeto al otro sean valores predominantes y con una frecuente ausencia de rigor que a veces resulta inquietante.

Así, y conscientes de que lo gris no genera audiencia, todo se plantea desde los extremos, desde el blanco o negro, para generar la opinión de que *"o estás conmigo o estás contra mí".*

La sociedad, nuestros consumidores, asumen como propios dichos principios y no sólo opinan, sino que su nivel de queja se incrementa y con ello las manifestaciones de desacuerdo. Cada vez denunciamos más y más cosas sabiendo que, por pequeña que sea, nuestra protesta obtendrá un reflejo máximo en los medios de comunicación ávidos de llenar sus horas de espacios dedicados a estos temas. Así, la opinión de unos pocos muchas veces se convierte en tema para millones de personas que miran la pantalla cada día con el subsiguiente riesgo de magnificación.

Por si fuera poco, la red ofrece suficientes foros de discusión y debate en los que los consumidores pueden libremente expresar sus opiniones sobre los productos que usan y las empresas que los fabrican. Una visita a todorumores.es o a snopes.com puede ponerte al día de los rumores que se generan diariamente o de las leyendas urbanas más conocidas. Ésto, unido a la sensación de anonimato que la red permite, ha generado un espíritu del "todo vale" que puede poner en peligro la reputación de una empresa en cuestión de horas.

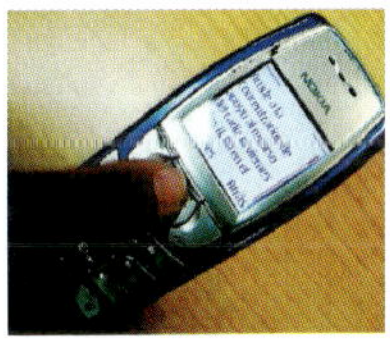

Y por si acaso tienes más prisa o tus amigos no están en internet, siempre te queda el "pásalo" para movilizar a miles de personas en cuestión de minutos u horas.

En este mundo de libertad en el que las elecciones personales y todas las formas de expresión tienen cabida, el individuo también tiene miedo. Miedo a perder aquello que con tanto trabajo ha conseguido; miedo también a que la red le afecte y pueda generarle problemas. Por eso nuestra sociedad demanda, y cada vez más, seguridad a todos los niveles.

Seguridad en lo que compramos, en nuestros datos, en nuestras casas, en todo. Es un mundo de filtros donde cualquier cosa puede ser controlada. Estamos rodeados de protección por todos los lados: airbags, filtros solares, filtros de agua, filtros para el aire, cámaras de vigilancia en calles y aparcamientos. Definitivamente agradecemos ese control y esa seguridad ante la amenaza que el entorno puede representar, aunque en el fondo vivamos en un "Gran Hermano" permanente donde alguien siempre nos observa.

Dentro de ello, y de manera cada vez más importante, los consumidores buscan en sus casas sus auténticos refugios en los que sentirse seguros.

Volvemos a nuestros hogares para poder sentirnos a gusto y protegidos.

Desde allí podemos relacionarnos además con quien queramos gracias a internet, por lo que la vuelta a casa es una tendencia clara para los años venideros, independientemente de que haya o no crisis económica.

Compañías como CocoonZone.com ofrecen los productos que las personas que se quedan en casa pueden necesitar.

Ikea ya lo supo ver hace unos años y, bajo el concepto *"Bienvenido a la república independiente de tu casa",* supo encapsular lo que la calle ya demandaba.

Es el tiempo de la libertad extrema, que nos lleva a querer elegir aquello que queremos por nosotros mismos y a opinar sobre los temas que queramos, a generar el mayor número posible de impacto social y también a buscar la máxima seguridad ante todo lo que pueda representar un atisbo de agresión a nosotros y a todo lo nuestro. Y esos son los elementos fundamentales en el comportamiento de nuestros consumidores y clientes. Se trata de aspectos que ni pueden ni deben ser ignorados por las compañías que pretendan competir en el mercado actual.

Madrid ofrece a los taxistas cursos para aprender a reaccionar "como lo haría un policía"

La Comunidad y representantes del sector acuerdan instalar cámaras de vigilancia en el interior de los vehículos cuya instalación subvencionará el Gobierno regional

- El "yo sé lo que te conviene" se ha terminado: el consumidor o cliente quiere elegir su producto y diseñarlo: hay que generar procesos que permitan la autocustomización.

- Los errores de las marcas y compañías obtienen un duro impacto mediático exacerbado por la polarización de las opiniones: el control del mensaje y de los medios, así como la reputación de la marca, son elementos esenciales.

- La percepción de seguridad será otro de los elementos esenciales en la elección de compra de los consumidores, así como la facilidad con la que el consumidor pueda elegir nuestro producto o servicio allí donde esté.

Capítulo 3

Quiero vivirlo todo

"Lo importante no son los años que vivas, sino cómo de intensamente lo hagas."

La tercera característica de nuestros consumidores es su deseo de vivir intensamente y de vivirlo todo y si es posible a todas horas. Es el "carpe diem", el aquí y ahora o la frase de la película "El rey León", Akuna Matata, vive y sé feliz.

Leo Nordin, el creador de la botella de Smirnoff, definió los cinco sueños eternos de la humanidad, recogiendo así el espíritu que a muchos de nosotros nos guía en nuestro comportamiento como consumidores.

Algunas compañías han tomado buena nota de ello y hacen propuestas directamente dirigidas a los consumidores como puede ser el caso de la Viagra, de las clínicas de fertilidad, de los créditos fáciles o los juegos millonarios, de las clínicas de cirugía estética, o de las capsulas de criogenización o los tratamientos antiage.

Pero no sólo podemos entrar en la vida de nuestros consumidores a través de sus sueños. También podemos ayudarles a pecar... Con prudencia, claro, porque ¿hay algo más divertido que pecar? No, no se asusten; me refiero a los pecados veniales.

¡Ah!, ¿que usted no peca? ¿Nunca? ¿Seguro?

Pues hay muchos que sí. Por eso existen los video-juegos de rol (ira); los "teletodo" (pereza); las tarjetas de crédito sin límite (soberbia); el escaparatismo y la compra por impulso (avaricia); las páginas porno y de sexo (lujuria); los artículos de lujo (envidia) o los medicamentos para después de una opípara comida (gula).

Todos ellos buscan lo mismo: permitir que podamos pecar dentro de unos parámetros aceptados por la sociedad. Lo queremos todo y queremos sentirlo en toda su intensidad.

Y para ello nada mejor que un buen cocktail de sentidos. De las numerosas propuestas que podemos ver en cada momento, hay una que es mi favorita para explicar este punto por lo explícito de su propuesta sensual y dirigida a los cinco sentidos ¿Quieren verlo? Vayan a You Tube y tecleen: "Magnum 5 senses by Aveillan". Entenderán mejor lo que les digo.

Está por todos los lados. Las marcas han entendido que deben estimular a sus mercados de la manera más intensa posible y se han lanzado a hacerlo con todos los medios a su alcance. Desde un televisor (las bolas de colores por San Francisco del Sony Bravia) a las propuestas turísticas a cualquier destino; todo está lleno de elementos sensoriales dirigidos a atraer a aquellos que se dejen seducir por ellos.

Esto por no hablar del mundo del diseño y los colores con propuestas realmente estimulantes en todo lo que nos rodea: exprimidores, lámparas, platos de cocina, ropa, edificios…, todo incorpora ya el mayor número de elementos sensoriales para agradar a los consumidores o clientes.

Y en esto como en otras cosas, ahí está Apple con un packaging para todos sus productos que más parece un regalo que una caja con un ordenador o un reproductor de MP3 dentro.

De todas las propuestas que he visto, hay una que me merece todo el respeto y la admiración y que además es especialmente indicada para aquellos escépticos que piensan que su producto es muy indiferenciado y que no pueden aplicar estas cosas en su empresa, caso que analizaremos más tarde.

Me refiero al pianista chino de 27 años Lang Lang; joven, sí, pero conocido y reconocido en el mundo entero y cuyas intervenciones se cuentan por llenos. Es evidente que una partitura deja poco que hacer en el resultado final, por lo que el grado de indiferenciación es alto, muy alto.

Pero lo que caracteriza a Lang Lang, lo que le hace diferente a los demás es su forma de interpretar. Unos lo critican, otros lo admiran. Pero a nadie le deja indiferente. No puedo explicarlo aquí. Una vez más, vayan a You Tube e introduzcan Lang Lang. Y mírenlo. Porque esa es la diferencia. A Lang Lang no sólo se le va a oír, sino que fundamentalmente se le va a ver. Esa es su diferencia; estimula dos sentidos y no sólo uno.

Vivir intensamente nos ha traído también el peterpanismo. Hombres y mujeres queremos estar atractivos y sencillamente no envejecer. Ya no importa tener años y que se sepa que los tienes. De hecho mucha de la comunicación actual se realiza con actores y actrices ya maduros. Pero lo imperdonable es parecerlo y aparentarlo.

Ahí es donde aparece el mundo de la cirugía estética, de los gimnasios, de la moda, de los cosméticos. Y ahí es donde los hombres están comenzando a consumir como locos. Los mercados de moda y cosmética masculina han crecido en el año 2007 más del doble (11% versus 5%) que los correspondientes femeninos.

Otro de los elementos del peterpanismo es el auge de los juegos. En una simulación de una nueva juventud nuestros consumidores juegan; a la consola o, más recientemente, a ese fenómeno social llamado Wii. Inicialmente pensados para niños y adolescentes, nuestros adultos y adultas de más de treinta años, devoran los juegos durante largas horas de la noche o durante el fin de semana.

Y si a juego nos referimos y si a vida intensa también, nada como los deportes de riesgo para tener sensaciones fuertes: rafting, puenting, senderismo. Todo menos descansar en vacaciones. El negocio relacionado con estas actividades ha experimentado un crecimiento exponencial en los últimos años y el turismo tradicional de playa y sol deja paso a un turismo donde queremos hacer cada vez más cosas y disfrutar de cada momento.

Pero si de vida intensa estamos hablando, no podemos dejar de aludir a cómo tomamos determinados productos para poder rendir más, empezando por las bebidas energéticas que se llegan a mezclar con alcohol cuando se sale por la noche y continuando por determinadas pastillas que pueden hacer que nuestro rendimiento mejore.

Un 40% juega a la consola o el ordenador entre 6 a 14 horas/semana.

Del total, el 38% de los jugadores son personas del sexo femenino. De ellas, el 30% son mayores de 30 años.

La edad promedio en EE.UU. es de 33 años, siendo la edad en la que se inició en los videojuegos alrededor de los 20.

El promedio de edad de la persona encargada de comprar los videojuegos es de 38 años.

Personas de más de 50 años forman el 24% del grupo.

El 69% de los cabezas de familia juega en consolas o PC.

El 37,5% de los nueve millones de videojugadores españoles ya son mujeres con una edad media de 26 años.

El 44% de los jugadores entrevistados juegan en internet más de una hora por semana.

En el mundo, el Botox es el protagonista absoluto, con un 13,94% del total de procedimientos realizados. En España, el tercer país de la Unión Europea en cuanto a infiltraciones de esta sustancia, las consultas por este tratamiento han aumentado un 50% en el año 2007.

En España se realizaron cerca de 300.000 intervenciones de estética el año pasado, según las estadísticas de la Sociedad Española de Cirugía Plástica, Reparadora y Estética (SECPRE).
Esta cifra le otorgó a nuestro país en 2004 el cuarto puesto en el ranking mundial, dos más arriba que el año anterior. Más del 40% de las intervenciones en nuestro país se hacen en chicas entre 18 y 21 años.

Más sofisticado es el mundo de la medicina, que nos ayuda e impulsa a desarrollar el concepto de "lo puedo todo" y que está desarrollando, fundamentalmente por medio de la biónica, productos que hacen que volvamos a ver, mejoremos la vista, ganemos centímetros de altura, etc.

El ejemplo del deportista sudafricano Oscar Pistorius y sus láminas de fibra de carbono dio la vuelta al mundo cuando quiso participar en los juegos olímpicos de Pekin y el COI lo prohibió. Por no mencionar la primera experiencia en el mundo de transplante de tráquea realizado en España en noviembre de 2008.

Estos dos ejemplos son sólo una muestra de lo que la medicina puede hacer y de lo que nosotros empezamos a esperar de ella. En los próximos años veremos cómo su desarrollo permite al individuo tener una esperanza de calidad de vida nunca vista, una vida que siempre querremos vivir intensamente.

Lamentablemente, el lado oscuro de la vida intensa se encuentra en las drogas y el alcohol. Parte de nuestra sociedad, llevada por ese deseo de vivir intensamente, ha pasado a destruir su vida por ingerir este tipo de sustancias que desgraciadamente afectan cada vez más a los más jóvenes.

Es por ello para mí un acto de responsabilidad social hacer un alto aquí y llamar la atención a los lectores de este libro sobre la importancia que tiene erradicar esta lacra de la sociedad. Los datos muestran que es urgente hacerlo.

ELPAIS.com > Sociedad

El consumo de cocaína en España supera por primera vez al de EE UU

Un informe de la ONU alerta de que el 20% de los adictos a esta sustancia en Europa son españoles

EFE ginebra 26/06/2007

Los problemas con el consumo de alcohol son similares y afectan cada vez más a más personas y jóvenes y, aunque todos lo sepamos, eso no quiere decir que nos inquietamos como es debido: los fines de semana nuestros jóvenes salen y beben y consumen drogas y debe alarmar a la sociedad.

Y también lo hacen los mayores en lo que ahora se denomina "consumo social". Debemos entender que, pongamos el nombre que pongamos, el consumo de alcohol, estupefacientes o drogas no es nada adecuado para nadie; ni para los que lo hacen ni para los que no, dadas las consecuencias sociales que tiene.

Afortunadamente, la gran mayoría sabemos que podemos vivir intensamente sin estímulos externos.

Un 20% de los adictos europeos de cocaína son españoles.

En España la tasa de consumo se ha duplicado desde 1999, cuando era del 1,6% de la población de entre 15 y 64 años, hasta 2005, año en el que alcanzó el 3%, un porcentaje al que no llega ningún otro del centenar de países analizados por la ONU. Ese porcentaje es cuatro veces superior a la media europea.

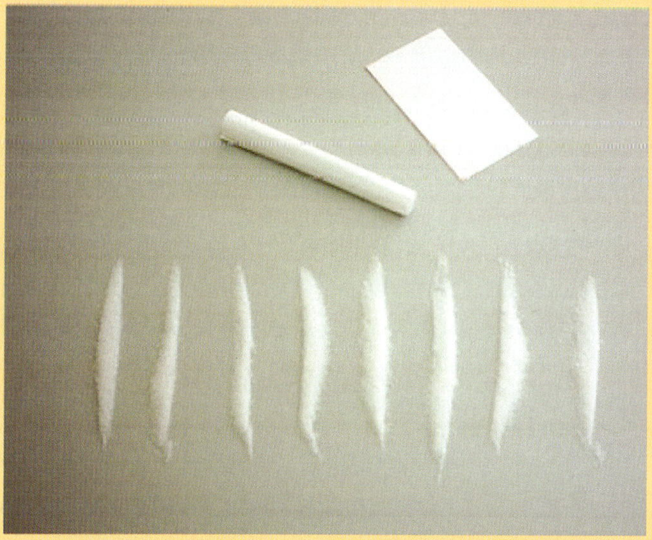

Alcohol:

Riesgo: El 20% de los jóvenes españoles entre 14 y 18 años corre el riesgo de ser alcohólico. Mientras se calcula que uno de cada cinco adultos bebedores puede resultar afectado por la enfermedad, la proporción desciende entre los jóvenes a uno de cada tres.

Extensión: Un tercio de los jóvenes de 15 a 34 años se había emborrachado alguna vez en el último año, proporción que asciende hasta el 45,6% de los estudiantes (datos de 2006).

Litros: Un joven bebedor consume por término medio 1,5 litros de alcohol puro a la semana. El 47% de esta cantidad se ingiere de viernes a domingo.

Accidentes: La primera causa de mortalidad para los menores de 25 años son los accidentes de tráfico. Según el Instituto Nacional de Toxicología, el 52% de éstos se producen bajo los efectos del alcohol u otras sustancias. El 80% de los 10.000 lesionados medulares que hay en España tienen entre 18 y 30 años.

Padres: El 91% de los padres opina que los adolescentes beben mucho y muy pronto. Un 93% cree que sería necesario que las administraciones adoptaran medidas para evitarlo.

Precocidad: A partir de los 13 años, el 60% de los jóvenes confiesa que se ha emborrachado una o más veces. Desde los 16, un 70% bebe al menos una vez por semana.

Gasto: Los jóvenes tienen una capacidad de compra de tres billones de pesetas al año. El consumo principal es el de alcohol fuera de casa, al que dedican unos 600.000 millones de pesetas anuales.

Social: Según las estadísticas, unos 180.000 jóvenes se juntan los fines de semana en lugares determinados de las ciudades españolas para, en torno a un botellón mezclado con licor y bebida con burbujas, bolsas de patatas y tabaco, beber hasta la euforia en el mejor de los casos, o hasta el coma etílico en el peor de los mismos.

- Lo gris ya no se valora. Marcas y productos deben hacer sentir a los consumidores y clientes sensaciones diferentes y poder acceder a ellas cuando así lo quieran.

- Quieren poder incorporar el producto o la marca a sus vidas y saber qué pueden hacer por ellos.

- Las tradicionales dos dimensiones de estímulos se quedan cortas en un mundo mediático y de extremos: todas las marcas y productos deben plantearse cómo estimular las CINCO dimensiones.

Capítulo 4

Tengo que darlo todo y a todos

El último factor que apalanca el comportamiento de nuestros consumidores es el de rendir y producir al máximo; lo que los ingleses denominan "performance".

Sabemos que poder ser quienes queremos ser, ser libres y vivir intensamente tiene su precio. Pero es que, además del esfuerzo que tenemos que dedicar a tener lo que queremos, también tenemos que dedicar esfuerzo a todo lo demás; a todos los otros roles que tenemos en la vida. Por lo que la necesidad de rendir se traduce no sólo en la competitividad necesaria, sino en la percepción de total ausencia de tiempo en nuestras vidas. Nunca antes habíamos tenido tanto y nunca hasta ahora nos hemos sentido tan estresados.

Nuestros horarios de trabajo no nos dejan tiempo para nada. Sucede así en todas las partes del mundo occidental. Para referirse a esto los trabajadores hablan ya del horario divino: *"Entro cuando Dios manda; salgo cuando Dios quiere".* Debido a ello hemos entendido que nuestro recurso escaso es el tiempo y por ello hemos decidido que tenemos que dirigir nuestra vida en lugar de vivirla; vamos, que nos hemos auto-convertido en empresas. Y eso tiene sus implicaciones desde el punto de vista de las demandas que los consumidores hacen al mercado.

De entrada, somos más intransigentes con todo aquello que nos hace perder el tiempo y con las cosas que no están como nosotros queremos que estén. El número y nivel de quejas aumenta y la crítica a las empresas también, utilizando los medios a nuestro alcance como ya hemos visto anteriormente.

De este modo, buscamos todo aquello que nos ahorre tiempo, que nos permita hacer varias cosas al mismo tiempo a la vez. Así, vemos las estanterías de los supermercados llenas de productos que nos ofrecen varias cosas a la vez; multiproductos que nos dan

HONG KONG:
7 a 18 horas oficina.
Tiempo libre 18-20 horas.
20 horas: cena.
21 horas: Bolsa en USA vivir intensamente cuesta dinero y por lo tanto esfuerzo.

ESTAMBUL:
10 horas de trabajo.
5 horas de desplazamiento.

USA:
Se trabaja un 25% más que en los años 70.
El 37% de los trabajadores trabajan más de 50 horas.
El 80% de los hombres trabajan más de 40 horas.

U.E.:
Cenar en familia: 33%.
Posibilidad de vacaciones juntos: 30%.
Conversaciones entre vecinos y barrio: 25%.
Conversaciones entre amigos: 17%.
Conversaciones entre la familia: 10%.

vitaminas además de calcio o que nos aportan el porcentaje de frutas de un día en un sólo envase; preparados, semielaborados, gazpachos hechos, etc., forman parte de nuestras vidas. Como también lo hacen los móviles o el ADSL con teléfono y televisión. O ciertos cosméticos con doble y triple efecto. Todo tiene que ser de "alto rendimiento".

Para ahorrar tiempo y ponernos las cosas fáciles, han empezado a proliferar los servicios relacionados con la ayuda en el día a día: planchar, limpiar, sacar a los perros, llevarte las naranjas o el marisco a casa desde su origen, un personal shopper que nos ayude en todo esto.

Los libros que leemos proponen mejoras sustanciales en nuestras vidas en ¡un minuto! El reclamo está claro: *date prisa, tienes que vivirlo todo y yo te ayudo a conseguirlo.*

Las nuevas tecnologías suponen también una manera de poder rendir y de alargar nuestros días en tiempo o en ubicuidad. La penetración del móvil ha hecho innecesario localizar a un individuo: se presume que siempre va a estar disponible. Hace no mucho un cliente comentaba con añoranza los atascos en la A-6 de Madrid recordando que era el momento del día que aprovechaba para pensar, planificar o sencillamente escuchar música y relajarse. Ahora ya no podía por las llamadas del móvil y añadía, con bastante razón, que el único sitio que le quedaba para esas funciones era el cuarto de baño… si no se llevaba el móvil.

La móvil-dependencia también deja su hueco a la e-mail-presunción. "Te mandé un e-mail" es una presunción de información recibida-leída-asumida y acordada si no hay respuesta inmediata. Presumimos que el otro, claro, está mirando a la pantalla 24 horas al día sólo para leer nuestros mails. Y que si no hay respuesta es que estamos de acuerdo. Para asegurarnos de habernos quitado el muerto de encima, utilizamos la "diplomacia por megafonía" y copiamos a todo el mundo para que quede claro que el tema "está hecho".

Y para rematar nuestro mal entendido sentido del rendimiento y de hacer muchas cosas en poco tiempo, nos queda el messenger, ese sonidito que dice: "léeme, te estoy diciendo algo" y que no sólo personas, sino también empresas, utilizan como medio de comunicación interno. Es cierto que ayuda mucho, especialmente cuando no se está en el mismo sitio físico, y que las comunicaciones han mejorado nuestra eficacia.

Pero también parece cierto que la cosa se nos ha ido de las manos y que empezamos a confundir actividad con activismo.

Se quiere hacer mucho aun a costa de las relaciones personales y de las cosas bien hechas. Es pues un mundo frenético de competitividad en el que tenemos que defender nuestro trabajo y poder aumentar nuestro nivel adquisitivo, un asunto se quiere más difícil cada día debido al desconocimiento de cuál es el talento diferencial de cada individuo. Y ya sabemos: si no hay diferencia, entonces el más barato. Probablemente por eso los mileuristas proliferen hoy y se incrementen mañana.

Para mantener y aumentar nuestro nivel de vida, deberemos además aumentar nuestro valor en el mercado, es decir, realizar un esfuerzo más. Ahora se trata no sólo de rendir más, sino de que los trabajadores encuentran tiempo para poder aprender a rendir mejor, y sobre todo de forma diferente. En otras palabras, el rendimiento estrella del futuro es el del TALENTO.

Según el estudio realizado por la OCDE en el año 2006, el conocimiento actual sobre las cosas quedará obsoleto en un período de 5 a 7 años debido a los cambios que se están produciendo. Dentro de ese estudio, sólo el 7% de las empresas españolas reconocen tener el talento necesario para realizar su trabajo y proyecto empresarial. Este es el gran desafío; se trata de tener que pertenecer a los trabajadores de "cuello dorado" en lugar de ser de "cuello blanco", usando el término acuñado por el profesor Robert E. Kelley de Carnegie. Para conseguirlo, el trabajador deberá poner más esfuerzo o convertirse en YO, S.A. y crear su propio negocio. Quizá por ello el número de autónomos en España haya aumentado de 2.100.000 en 1990 a 3.770.000 en 2007 (+80%).

Por eso, trabajes donde trabajes, la búsqueda de la conciliación de la vida laboral y personal es una demanda tan extendida y buscada por los trabajadores que necesita y necesitará respuesta por parte de las empresas, sobre todo si quieren mantener el talento requerido para que su negocio prospere.

Parte de la culpa de este frenesí, está en que buscamos enseñar al mundo y a nosotros mismos lo bien que nos van las cosas, lo cual aumenta esta necesidad de rendimiento.

Compramos cosas de marca para que las vean los demás y también para auto-alimentar nuestra sensación de éxito. Todas las clases sociales se lanzan a comprar productos más caros para demostrar la dualidad de compra inteligente y de compra suntuosa. Y si no podemos comprar así debido al precio, no nos importa comprar productos falsificados siempre y cuando sean de marca; bueno, de "esas" marcas. Un dato: se estima que el mercado de las falsificaciones equivale al 2% de todo el comercio mundial.

Trabajo, roles, competitividad, formación, vivir intensamente pueden ser, son, estresantes. En un mundo de extremos buscamos refugios de paz, momentos, lugares y experiencias de descanso y autoindulgencia. El crecimiento en las salidas de fin de semana hacia los pueblos y sus costumbres bajo el paraguas del turismo rural, rutas gastronómicas, de vino, etc., o el aumento en Spas y tratamientos de belleza o antiestrés son un reflejo de ese descanso que compense, si es posible, nuestro esfuerzo semanal.

Identidad, libertad, vivir intensamente y rendir se convierten así en las esquinas del diamante que nuestro consumidor supone y representa para nosotros. Ignorar estos aspectos en nuestra propuesta puede generar un alejamiento del consumidor.

Reflexione, evalúe su propuesta y corrija aquello que se aleje de lo anterior; esté cerca de lo que su cliente sueña ser o hacer. Su negocio será más fuerte y seguro.

- La funcionalidad básica es esencial: productos y servicios tienen que cumplir con lo prometido.

- El consumidor o cliente no tiene tiempo que perder… O sí, si él/ella lo quiere.

- Procesos y atención deben diseñarse de manera que el tiempo de servicio sea determinado por el cliente.

- La multifuncionalidad de los productos es un elemento de diferenciación y proximidad al cliente y consumidor.

- Los servicios adicionales serán también un elemento clave.

- Las quejas y problemas de los consumidores deberán resolverse sin más: cero problemas. Esto implica que los empleados deben estar preparados para solucionar los temas in situ.

ON Tiempo
Extremos
Polarización
Mediactions
1
Sentidos
Nueva Religiosidad
¿?
Virtudes
Peterpanismo
Sorpresa
Filtros
Mi nido
Yo social
Megaversos tecnológicos
ON Multitodo
Yo
Transformación del Capitalismo
Deconstrución
Guías
ON Bulets
Presunción de culpabilidad
ON Proximidad
Crisis del Capital Natural
Velocidad del cambio
Aumento de la población
Ralentizar
Tiempo
Aventura
ON Conexión

Back to basics
Complejidad
Estética
Comunicación Total
Hyper Control
Mis Cimientos
Riesgo
Sin límite
Impunidad
Confesiones
Cambio
Cero tolerancia
ON Emprendedor
Huir
ON Enseñar
Riesgo
Movimiento
Subversión
ON Fin y Medios
Soy quien soy
Neotribalismo
Mitos
"MI" producto

Tercera Parte

¿Puede el marketing con todo esto?

Resumen

Que una persona que ha dedicado toda su vida a definir, difundir, estructurar, enseñar e investigar sobre algo, diga que ese algo no funciona y que hay que reemplazarlo, es suficientemente significativo de que ese algo no va nada bien. Y esto es lo que el considerado padre del marketing, Phillipe Kotler, ha dicho. Y no sólo él; muchos otros sostenemos que esto del marketing tradicional ha servido para una época, pero que el actual escenario es tan diferente que necesita lógicas diferentes.

El marketing actual está cansado y obsoleto y parece que ha llegado el momento de sustituirlo. Sencillamente ha terminado su tiempo hace ya bastante; un tiempo en el que todos hemos contribuido a jubilarlo al utilizar sus 4 p's como meros instrumentos tácticos al servicios de nuestros intereses cortoplacistas. Hoy, y para la mayoría de las empresas, marketing es lo mismo que promoción y que comunicación, y por ello hemos perdido la esencia de lo que realmente debería de ser: la herramienta fundamental de generación de rentabilidad de la empresa.

Capítulo 1

De cómo el mercado rompe los axiomas del marketing tradicional y cómo las compañías lo destruyen todos los días. El verdadero significado de C.E.O

Uno de los primeros problemas con los que me encuentro cuando trabajo con profesionales es que no se sabe para qué sirve de verdad el marketing. La mayoría de los profesionales dicen que el marketing sirve para vender, para satisfacer las necesidades de los consumidores, para dar a conocer su producto, para posicionar, etc. Y si así empezamos, mal nos va a ir.

La obsesión de las empresas en la búsqueda denodada del volumen como palanca fundamental de rentabilidad es desoladora, porque sencillamente no es cierta. No podemos afirmar que a mayor volumen, mayor margen (unitario). De ninguna manera. Pero como sólo perseguimos eso, jugamos con precios, descuentos, etc., y al final fracasamos. Y entonces llega la CEO. (Confirmación de la Estupidez Organizativa): "¿Lo ves? Teníamos un problema de precio, hemos hecho una promoción y hemos vendido más".

¡Para esto no hace falta un master! De hecho, cuando se quitan los descuentos vuelve a bajar el volumen. ¿Les suena? Y la CEO ocupa el pensamiento empresarial otra vez. Claro, nadie se cuestiona si el producto es bien aceptado, si el valor de la oferta es bueno, o si sencillamente es que hace mucho que no innovamos. Eso no.

Y volvemos a las promociones, convirtiendo el marketing en un ungüento para solucionar tácticamente (precio, promociones, comunicación) los problemas estructurales de las empresas. Y claro, no puede funcionar. Nos obcecamos en no entender que, a problemas estructurales, soluciones estructurales. Y el marketing debe de ser eso. Vamos, el de verdad.

Adicionalmente, las estructuras y la falta de formación de los directivos al respecto agravan la situación. Y si no, ¿cómo interpretar la falta de apoyo y confianza de las otras funciones de la empresa en el marketing, tal y como muestran las encuestas?

Por otro lado, no debe extrañarnos que esto sea así; ya hemos visto que si no podemos dignificar el marketing y darle su auténtico significado como herramienta de rentabilidad, difícilmente será valorado.

Pero independientemente de esto, es preocupante ver cómo el desconocimiento generalizado puede hacer que la herramienta fundamental para generar rentabilidad sea tan desconocida y mal utilizada. Definitivamente, las empresas deberían iniciar planes de formación para todos los empleados con el propósito de unificar criterios y de entender que en el fondo, si no generamos demanda de nuestros productos y servicios, cerramos la empresa, porque aunque pueda parecer paradójico a algunos, todo en una compañía es marketing, hasta el trabajo que el director financiero crítico hace de esta disciplina.

En cualquier caso, lo que parece claro es que el marketing actual está tocado, muy tocado, y difícilmente da respuesta a las demandas actuales de las empresas.

Lo fundamental de esta situación y de lo perdidas que están las empresas es que todavía no han interiorizado que hoy el consumidor, el cliente, es quien realmente manda en el mercado. Tal y como mi amigo Kevin Roberts dice, *"hubo un momento en el que los fabricantes éramos los que teníamos el poder; una buena marca era suficiente para que los clientes la demandaran; el poder pasó a la distribución y los fabricantes tuvimos que amoldarnos a ello y aceptar sus condiciones. Pero ahora es diferente: ahora el que manda, el Rey es el consumidor. El(Ella) es el que elige todo lo relacionado con sus necesidades y con lo que quiere hacer."*

No puedo estar más de acuerdo. Antes de que nosotros, las empresas, hayamos ido, el consumidor ha ido y ha vuelto veinte veces usando las tecnologías o los foros de información. Ese es el elemento fundamental que tenemos que considerar y asumir y debido a ello las reglas tradicionales han dejado de ser válidas.

1. Hay que elegir el mercado y los segmentos en los que vamos a competir para focalizar nuestros esfuerzos. Los segmentos deben ser identificables y diferentes entre sí

Durante muchas décadas se nos ha explicado el marketing por fases, módulos y pasos que teníamos que dar. Y quizá por querer dignificar la disciplina se desarrollaron unos axiomas que ahora están en clara revisión. De hecho, la mayoría de las empresas ya no los aplican y gestionan sus negocios con éxito sin ellos.

¿De verdad piensan que si un cliente llega a un concesionario de coches y quiere comprarse uno, no se lo van a vender porque no corresponde al segmento objetivo? ¿De verdad?

El paradigma de la segmentación y de la matriz cliente-producto parece haber quedado ligeramente obsoleto para muchas empresas que, definitivamente, no sólo no cuestionan a quien quiera comprar su producto, sino que diseñan sus ofertas para que sean atractivas al mayor número posible de personas independientemente del segmento al que pertenezcan.

Dentro de la confusión sobre lo que el marketing es, hemos confundido segmentación de mercado con público objetivo (de comunicación, de promoción, etc.) y eso nos ha llevado a no entender que hoy en día los criterios de microsegmentación aplicados en el pasado han quedado obsoletos. Hoy compra nuestro producto todo el que quiere y tiene dinero para ello.

Además, y como veremos más adelante, las empresas deberían entender que la microsegmentación lleva a ineficiencias por la proliferación de SKU's y la posible confusión que generamos en nuestros consumidores y clientes con una oferta tan variada y cerrada al mismo tiempo.

2. Debemos investigar al consumidor con técnicas cualitativas y cuantitativas para conocer sus necesidades y poder satisfacerlas

Como persona que ha trabajado en P&G, creo en la investigación de mercado, claro que si. Pero también pienso que agencias y clientes no terminan de encontrar herramientas que nos hagan ver las cosas de manera diferente. Hemos dejado por lo tanto de sorprender a nuestros clientes. Utilizamos la investigación para confirmar si estamos OK o no OK y minimizar riesgos, o para preguntarles si quieren tal o cual cosa.

En el relanzamiento del Mini, los directivos de la marca pensaron e insistían en que era un coche que varones de +40 años comprarían como recuerdo de sus años de juventud; al final lo han comprado mujeres jóvenes.

Piensen en el Cola-Cao: un 40% de sus consumidores tienen +35 años.

¿Quién juega a la Wii? ¿Niños? NO, adultos.

¿Quién tiene un Ipod? ¿Un joven? No, el que quiere.

¿Quién se compra el Brain Trainer? Personas de 30 a 40 años y no adultos.

¿Quién entra en Starbucks? Cualquiera que tenga el dinero para gastárselo.

¿Para qué segmentan los bancos o las aseguradoras? ¿Para servir mejor a sus clientes o para estructurar mejor su riesgo?

Sencillamente, la investigación actual no nos enseña nada que no sepamos o sospechemos. Pero hoy necesitamos más que nunca una visión más amplia de las cosas. Es preocupante comprobar el desconocimiento que los directivos tienen de sus mercados y de sus clientes, así como de las cosas que están pasando ahí fuera y que pueden y van a influir en las empresas. Necesitamos por lo tanto una investigación más generalista y proyectiva que pueda darle a los clientes lo que siempre quisieron pero nunca supieron que lo quisieron.

3. El consumidor satisfará primero sus necesidades primarias y así sucesivamente, hasta la autorealización. (Maslow)

A ver, el cliente hace con su dinero lo que quiere y, si lo estima necesario, cambia sus hábitos para poder adquirir un bien que desee en un momento determinado. Lo ha hecho en los últimos años de manera clara y aprovechando el buen momento económico de fácil crédito.

Durante estos años hemos visto cómo el crédito subía y así lo hacia el consumo. Definitivamente somos capaces de sacrificar lo básico para conseguir aquello que queremos.

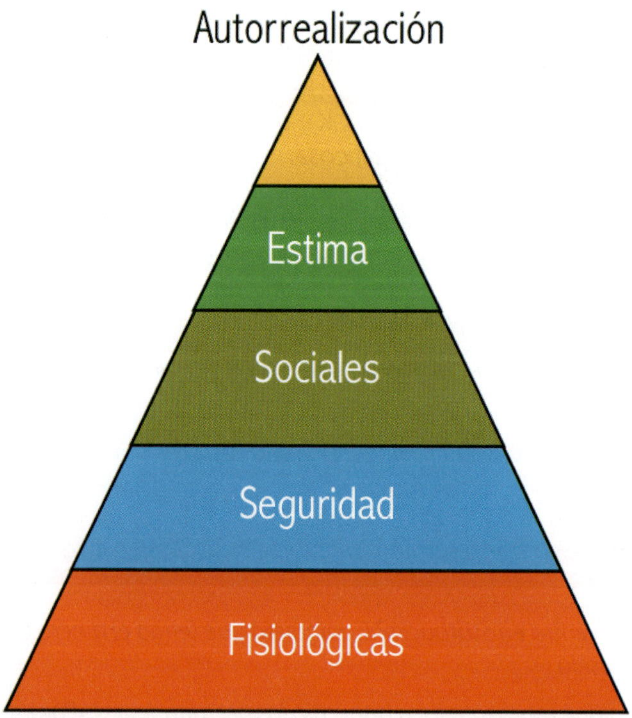

4. La tarea más importante es la diferenciación. Debemos ofrecer y entregar el producto con un atributo valorado por el consumidor y que sea relevante para la categoría del producto.

La indiferenciación campa por sus respetos en los diferentes mercados. La funcionalidad básica de productos competidores es la misma, ya que sus componentes esenciales son, sencillamente, los mismos. Debido a ello, segundos vectores de diferenciación son usados como reclamo con dudoso éxito. Prueba de ello es el crecimiento de las marcas blancas en alimentación o de las marcas baratas en otras categorías de producto.

La diferenciación en la funcionalidad básica parece por lo tanto algo del pasado que ha sido sustituido bien por un portafolio más amplio, bien por un aumento de las funcionalidades secundarias que suele llevar a la confusión e incluso al cansancio/rechazo del consumidor, dada la imposibilidad de conocer el uso de cada faceta del producto.

5. Los precios han de fijarse de acuerdo con los costes y con la situación competitiva. Es necesario conocer si la demanda es elástica o no

¿Cómo determinar un precio? Magnífica pregunta, ¿verdad? El marketing tradicional nos dice los tipos de precio, cómo calcularlos e incluso nos recomienda algunas fórmulas para ponderar el precio de un bien en función de su aceptación.

Pero ahora, al final, el consumidor acaba pagando lo que quiere. En un mundo en el que no había tanto acceso a la comunicación y a la posibilidad de comparación, esas fórmulas podrían servir. Ahora es más difícil. Mucho más. Nuestro consumidor conoce las ofertas, se ha metido en internet y sabe si queremos engañarle o no.

Y lo que tiene claro es que una cosa es el precio y otra el valor de las cosas. Por eso, la falta de diferenciación funcional nos ha llevado a esta situación en la que los vectores de diferenciación son distintos y secundarios; es decir, de menor importancia para el cliente y por los que no está dispuesto a pagar tanto dinero como le pedimos.

6. La promoción es un incentivo no habitual para aumentar las ventas

Y como consecuencia de ello, llega la promoción continua. Nos rodea, nos absorbe, nos marea con su sinalética. Y con ello continuamos agravando el problema de la diferenciación. Porque cuanto más ponemos nuestro producto en promoción, menor se percibe su diferencia.

La promoción se ha convertido en el elemento fundamental del marketing actual como consecuencia del cortoplacismo que impera en los negocios. Y este cortoplacismo es el que limita la posibilidad de construir una marca fuerte que no necesite de un apoyo constante en el mercado o en el punto de venta.

Por eso el marketing tiende hoy a confundirse con sus herramientas, fundamentalmente la promoción y la comunicación.

7. La distribución debe acercar el producto al consumidor final al menor coste posible evitando los puntos menos rentables

Por supuesto que la distribución sigue siendo fundamental para el marketing. Pero hoy hay tres factores que influyen en las decisiones relacionadas con este elemento del mix.

Por un lado el coste logístico, que puede hacer que no se distribuya el producto en lugares o canales que sí son buscados/usados por el consumidor pero que "no resultan rentables".

Un segundo factor es el hecho de que el propio canal ejecuta su estrategia y por lo tanto influye y altera la estrategia de la marca a su conveniencia.

Un tercer punto es que hoy el cliente compra donde quiere y como quiere. No entiende de rentabilidad; lo que quiere es el producto disponible en cualquier momento y en todos los formatos y posibilidades que se le ha ofrecido. Y con los servicios, igual.

Las decisiones de distribución quedan por lo tanto en manos de terceros (distribuidores, canales, consumidores) a pesar de su importancia en el mix de marketing.

8. La comunicación debe desarrollar un mensaje para los consumidores y elegir los medios más adecuados para alcanzarlos

Partamos de un concepto necesario: todo lo que hacemos en relación con una marca o una empresa, comunica y genera estímulos que serán percibidos como positivos, negativos o neutros según cada quien; pero todo comunica. Cómo descolgamos un teléfono, cómo lo colgamos, la vestimenta de nuestros comerciales o las facturas que enviamos a nuestros clientes. Todo.

Pero estamos en marketing, y eso significa que si no haces Tv, o radio, o prensa, no tienes plan de comunicación. Sí, como lo leen. Muchos empresarios y responsables de marketing o comercial de las empresas siguen pensando así. Y es una lástima, porque cuando pones todo lo que comunican encima de la mesa y comparas, entonces se dan cuenta. Bueno, no todos.

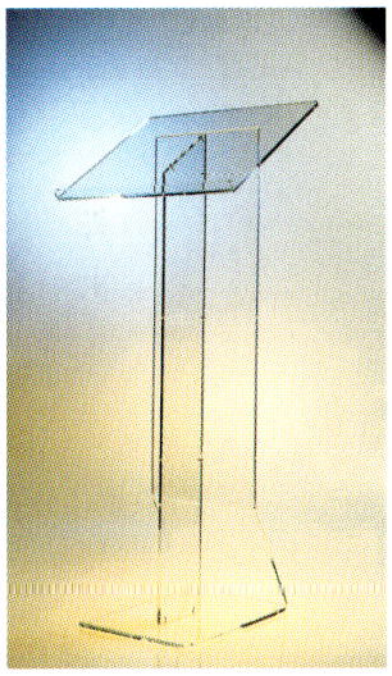

Hagan la prueba mañana, cuando lleguen a la oficina, pidan que les traigan toda la comunicación de una marca o de un producto de los últimos tres años. Miren y comparen: verán fotos diferentes, colores diferentes, textos diferentes, etc., y por supuesto, mensajes diferentes.

Los más avezados dirán que su comunicación se hace en base a una USP (Unique Selling Proposition, Proposición Única de Venta). Este concepto, acuñado en los 50 por Roser Reeves, fue realmente revolucionario y de verdad que ha funcionado, y probablemente todavía funciona.

Pero, claro, resulta un poco difícil asumir que algo realizado para la situación competitiva y de medios, etc., de hace 60 años esté todavía hoy en vigor, al menos con la misma fuerza.

Hoy parece claro que las propuestas de más éxito son más generales, más totales. Ahora cuenta todo: funcionalidad, ética, sentidos, etc., es la Holistic Sales Proposition y algo que encapsula a todos los elementos de la propuesta que hacemos al mercado y que incluye lo ya mencionado: cómo descolgamos un teléfono, cómo lo colgamos, la vestimenta de nuestros comerciales o las facturas que enviamos a nuestros clientes.

¿Se imaginan hoy en día a un/a responsable de marketing no ya decidir, sino opinar sobre lo anterior? Pues créanlo: hay compañías, sí, esas donde parece que todo es idílico, sí lo hacen; en las que hay briefs, statements, llámenlo como quieran, que homogeinizan el mensaje. Son las menos, pero existen.

Dentro del marketing actual se queda pues la comunicación en la redacción de folletos, organización de eventos, convenciones de ventas, actualización de la web, etc., algo necesario, sí, pero muy lejos de lo que el mundo actual demanda en cuanto a comunicación.

10. Debemos fidelizar como sea a los clientes

Y con todos estos mimbres queremos que nuestros clientes nos compren "de por vida" y además pagando por adelantado. Perdonen la burla, pero uno se cansa de oír cosas que todos sabemos que no son verdad pero que interesa oír por que son "fashion".

La fidelidad es algo que YO te doy a TI si YO quiero. No es algo que TÚ puedas conseguir, es algo que YO te doy. Y además suelo dártela por lo que tú eres, no por lo que tú me das. Por eso, todos los programas de puntos, regalos, etc., no son realmente programas de fidelización, sino de retención por medio de una promoción encubierta y diluida en el tiempo. Es decir, alteramos la propuesta de valor pero difiriéndola a lo largo de un periodo más o menos largo.

No, la fidelidad es diferente. Es lo que nos hace comprar un producto o servicio de manera convencida sin que el precio sea una barrera insalvable. Es más, piense en una marca a la cuál usted le sea fiel; es decir, que use desde hace tiempo, de alimentación o cosmética por ejemplo, y piense: ¿Cuántas promociones personalizadas me ha hechos esta marca? ¿Cuántos puntos he acumulado? ¿Sé el precio que estoy pagando? ¿Y el que pagué hace un año? Probablemente usted lo compre sencillamente porque le gusta y ya está.

Pero hoy pedimos también al marketing que cree una base de consumidores fieles que nos compren siempre; eso sí, sin tocar el producto o el servicio, sin cambiar de modelo, etc., porque esto es así y viene impuesto. Bueno, nada es imposible, pero a veces se lo ponemos muy difícil a nuestra gente.

Y es que el marketing, tal y como nos lo contaron y, definitivamente, tal y como lo practicamos hoy en día, no puede con todo esto.

Por ello, si el propio Kotler dice de su criatura que tenemos que reeemplazar el viejo marketing por uno nuevo, significa que había uno y que está ya viejo.

Pero es que además las circunstancias han cambiado tanto que tendríamos que ver hasta qué punto el market-ing es recuperable como concepto. Porque el problema fundamental del marketing es que está hecho para las empresas; su enfoque está completamente orientado a lo que las empresas necesitan y a dar respuesta a los empresarios y directivos, y no a quien les paga el sueldo, que no es otro que el consumidor.

Capítulo 2

La cruda realidad: lo que hemos hecho y lo que quiere el consumidor

El rendimiento del marketing es decepcionante. Usted debe sustituir su viejo marketing por uno nuevo que sea holístico, tecnológico y estratégico.

PHILLIP KOTLER

Y es que el marketing, tal y como nos lo contaron y, definitivamente, tal y como lo practicamos hoy en día, no puede con todo esto.

Por ello, si el propio Kotler dice de su criatura que tenemos que reeemplazar el viejo marketing por uno nuevo, significa que había uno y que está ya viejo.

Pero es que además las circunstancias han cambiado tanto que tendríamos que ver hasta qué punto el marketing es recuperable como concepto. Porque el problema fundamental del marketing es que está hecho para las empresas; su enfoque está completamente orientado a lo que las empresas necesitan y a dar respuesta a los empresarios y directivos, y no a quien les paga el sueldo, que no es otro que el consumidor.

El marketing surgió como una actividad empresarial que partía del nosotros. Si lo pensamos bien, las técnicas del marketing tradicional nacen y se desarrollan para ayudar a las empresas a generar demanda de SUS productos o servicios, a determinar las estrategias y planes para alcanzar los objetivos de empresa y lograr posiciones dominantes.

- ✔ Alterábamos la propuesta de valor cuando a NOSOTROS nos venía bien haciendo promociones.
- ✔ NOSOTROS decíamos lo que era bueno y lo que un producto o servicio tenía que tener o hacer.
- ✔ NOSOTROS le decíamos al cliente o al consumidor lo que le convenía.
- ✔ Se investigaba para ofrecer el que NOSOTROS creíamos que era el mejor producto, y que NOSOTROS podíamos fabricar.
- ✔ Comunicábamos los mensajes que NOSOTROS decidíamos.
- ✔ Informábamos a los clientes de lo que a NOSOTROS nos interesaba.
- ✔ Definíamos la distribución que a NOSOTROS nos venía bien.
- ✔ Fijábamos los precios que NOSOTROS necesitábamos para obtener los objetivos de margen que queríamos alcanzar.
- ✔ Desarrollábamos productos cuya funcionalidad diferencial duraba años.
- ✔ Se segmentaba para NOSOTROS decidir dónde y con qué competir.

Pero es que todo eso ha cambiado. Hoy el cliente es el Rey, el que de verdad manda, y por primera vez puede hacerlo gracias al exceso de oferta y de información. Y además le gusta hacerlo y lo va a hacer.

A nuestro consumidor el mix le importa bastante poco, por no decir nada. Lo que el cliente quiere y necesita es:

- **Saber que existes: notoriedad.**
- **Que le gustes: hacerle una propuesta de valor emocional, funcional y relacional diferente y diferencial.**
- **Que pueda pagarlo: si le gusta y lo quiere.**
- **Que pueda encontrarlo: si lo busca y donde lo busque.**
- **Que pueda compartirlo: con quien quiera.**
- **Que pueda dar su opinión: dónde, cuándo y a quien quiera.**

Pero por encima de todo quiere:

Asociación
Identidad
Satisfacción
Estímulos
Libertad
Confianza
Valor
Seguridad
Redes

O lo que es lo mismo, darle, literalmente, el máximo poder posible al consumidor o cliente final.

CONSUMERING®

Cuarta Parte

Ya está en el mercado

¿A qué espera para empezar con él?

Consumering®:

es la orientación empresarial al consumidor final con el propósito de establecer una asociación recíproca de intereses, reconocida o no por ambas partes, con el que aquél obtenga la satisfacción de sus necesidades funcionales, emocionales y relacionales, y la empresa los objetivos de rentabilidad estratégicos de su plan de negocio, y con el que el uso y poder sobre las herramientas tradicionales se cede al consumidor final.

Capítulo 1

La lucha empresarial de cada día es el síntoma del agotamiento de las fórmulas actuales

Dado el mundo actual con sus complejidades, su competitividad y sobre todo con el poder que el consumidor ejerce sobre la oferta de las empresas y sobre los mercados, no queda más remedio que pensar en algo diferente que oriente a las empresas en la definición de su propuesta.

Y la respuesta está ahí mismo, delante de nosotros, donde siempre ha estado: en el mercado y en el consumidor final.

Consumering®: ¿Por qué este nombre? Bueno, sencillamente porque refleja varias cosas. Primero hay que entender que el poder ya no está en el mercado (Market), sino en el consumidor (consumer); segundo, reflejar que las empresas deben dar un paso hacia el siguiente nivel y competir en él por el consumidor; y tercero y final, porque en la propuesta que hay que articular no se trata de un nuevo marketing o un tipo diferente de marketing, como se ha podido desarrollar hasta ahora, sino de algo diferente y atrevido que cuestiona las cosas de raíz.

En resumidas cuentas, se trata de redefinir lo que existe, quedándose con los aspectos que puedan ser útiles, ya que el marketing usado hasta ahora se ha agotado y resulta:

- **Aburrido.**
- **Predictible.**
- **Explotado.**
- **Mal entendido.**
- **Mal usado.**

Y sobre todo porque necesitamos una propuesta que suponga una forma diferente de pensar mucho más ajustada a lo que los consumidores demandan y a cómo actuan hoy en los diferentes mercados.

Durante el nacimiento del concepto, algunas de las personas, las menos, que lo han estudiado han dicho que no es diferente, que es lo mismo que el marketing, sólo que desde una perspectiva diferente. Y sin embargo no es así.

En el marketing "tradicional" deben satisfacer las necesidades de los consumidores mejor que nadie ofreciendo productos y servicios diferentes. La orientación al mercado consiste en eso, en estar siempre atentos a la mejor manera de satisfacer esa necesidad y todo aquello que el consumidor nos pueda pedir. Para hacerlo, clasificamos a los consumidores y/o clientes y diseñamos una oferta más o menos extensa y más o menos diferencial. Y determinamos un precio y elegimos un punto de venta que maximice la relación satisfacción del cliente / rentabilidad de la empresa.

Para convencerles, diseñamos campañas de comunicación que especifican lo que los consumidores pueden esperar de nosotros. Claro, si sobrevendemos, generamos insatisfacción; si infravendemos, no atraemos a los consumidores; si decimos exactamente lo que hacemos, ¿a quién sorprendemos?

El marketing actual se encuentra atrapado y en esta vorágine los responsables de las empresas no saben qué hacer. Inician un círculo vicioso que suele terminar con el abandono del mercado o con la lucha permanente por el margen marginal. En la figura se refleja este efecto.

La lucha del empresario suele establecerse entre el punto 1 y el 6. Su karma (1) es ofrecer el producto mondo y lirondo (cumplir las funcionalidades básicas) y realizar el mayor margen posible; es el caso de los lanzamientos de nuevas tecnologías, productos exclusivos o monopolios. Este karma es evidentemente opuesto al del consumidor (6), cuya pretensión es obtener mucho más de lo prometido y además al precio más barato posible dentro de cada categoría.

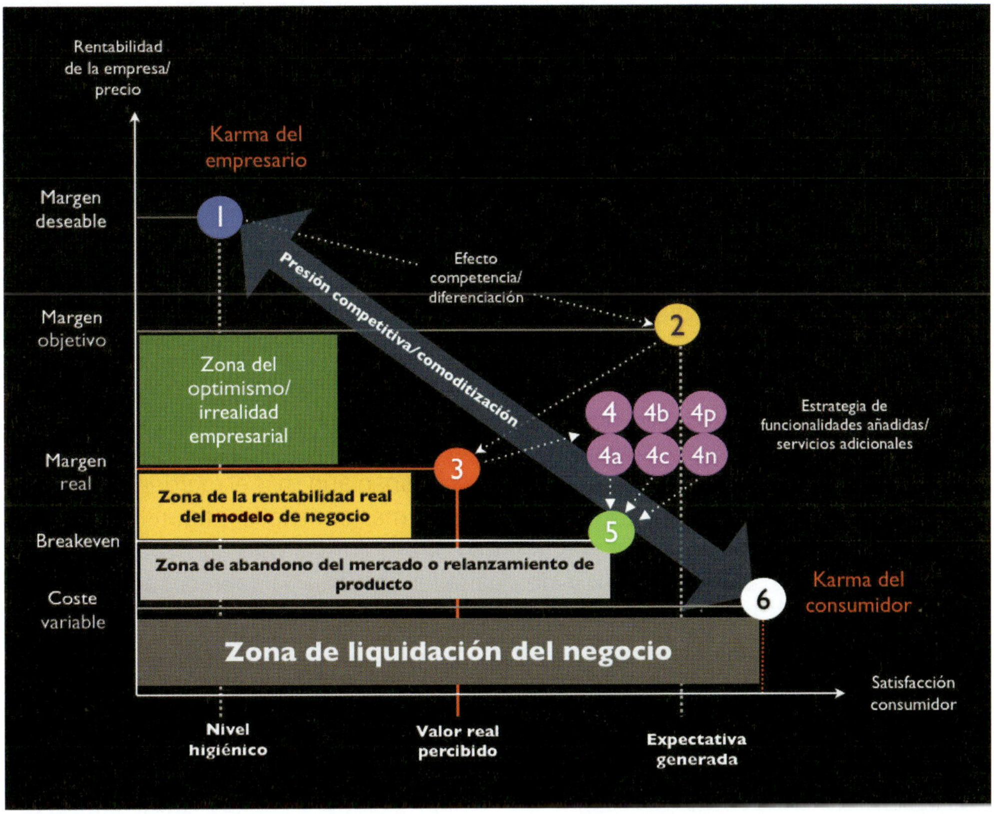

Para maridar ambas realidades, el empresario entiende que debe prometer y ofrecer algo diferencial (2) que atraiga al consumidor generándole una expectativa de satisfacción superior a lo que la competencia ofrece.

Bien por un problema de sobrepromesa, bien porque el consumidor no valora todo lo ofrecido (especialmente ahora que hay tantas alternativas), la realidad es que el empresario debe bajar sus aspiraciones de margen (léase vía descuentos) y asumir que el mercado va a posicionar su producto en el punto del valor real percibido (3) en relación a las otras alternativas disponibles por el consumidor.

De manera bastante contumaz el mercado suele decirnos algo que resulta difícil de asumir: que un modelo de negocio da para lo que da y no para lo que el empresario cree que da.

A partir de ese punto (3) la ley del mercado y de la comoditización hace que el margen tienda a reducirse (3b); primero hacia el punto muerto y luego por debajo de él como resultado de la aparición de productos competidores con una mejor estructura de costes y que no tienen mayor vector de competitividad que el precio.

La respuesta habitual es el relanzamiento del producto generalmente añadiéndole nuevas funcionalidades o construyendo la diferenciación sobre aspectos secundarios (4a 4n), que si bien satisfacen al consumidor, no son capaces de representar grandes saltos en el margen de la empresa... Pan para hoy y hambre para mañana.

En cualquier caso y eventualmente, la propuesta de la empresa tiende hacia el punto 5 siempre con el punto 6 como mira del consumidor.

En muchas ocasiones, esto representa incluso una insatisfacción para el consumidor, que puede sentirse "mareado" con tantos "extras" hasta el punto de volver su mirada hacia una alternativa más sencilla y enfocada.

Y en esa lucha es en la que se mueven la mayoría de las empresas, que al ver cómo su margen unitario se reduce, pelean por el margen total intentando conseguir volumen mediante una combinación de mejoras que erosionan aún más el margen unitario ya que el cliente no quiere pagar más por ello (ver figura 3) y de promociones en precio para conseguir más volumen y no tener que afrontar el "coco" de cualquier empresa: la sobrecapacidad instalada.

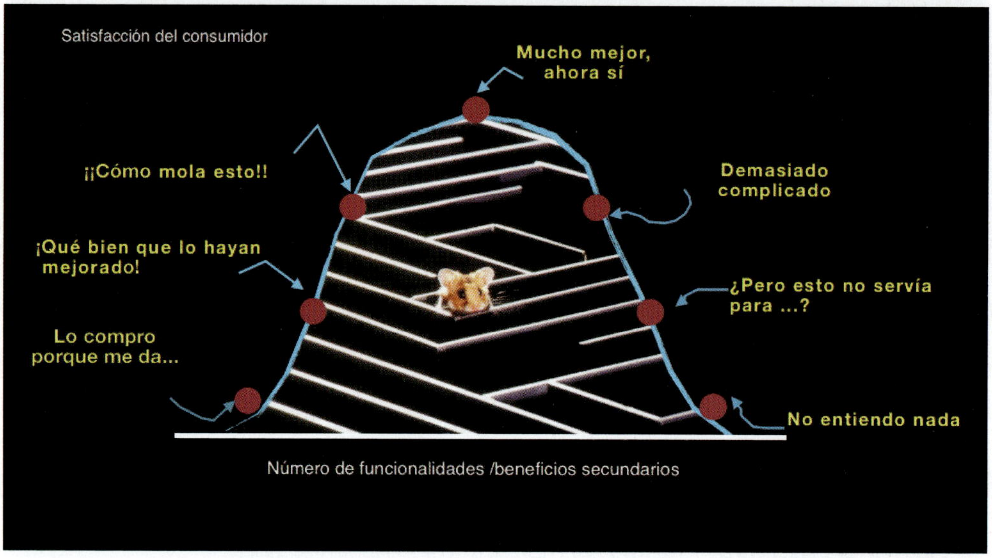

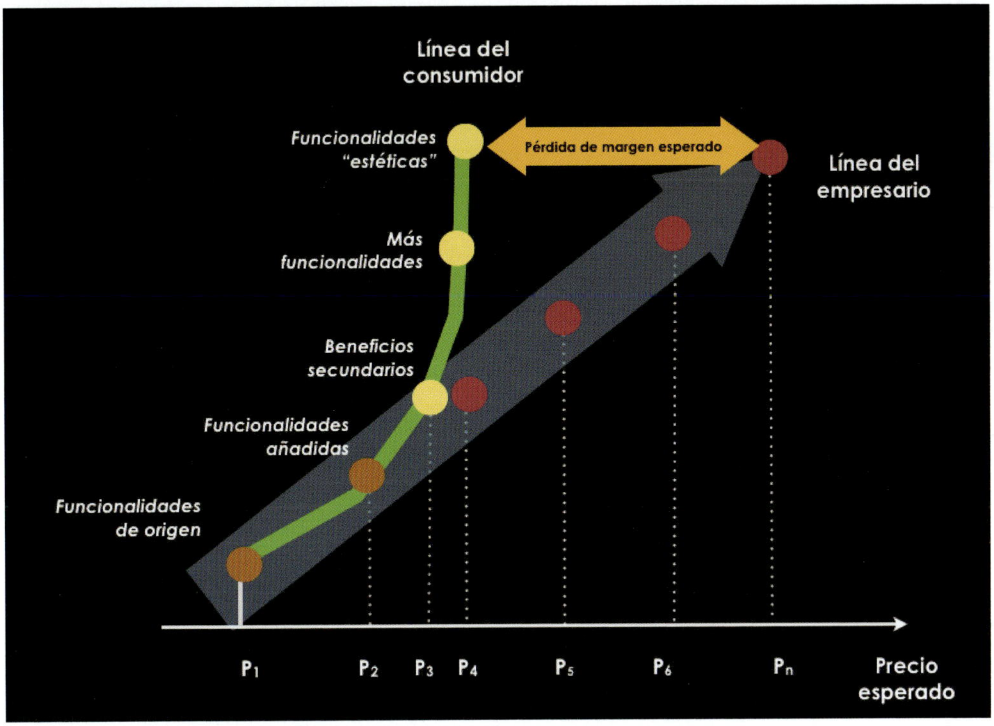

Son estas situaciones las que poco a poco han hecho que las empresas hayan desconfiado del marketing como herramienta empresarial de resolución de problemas, y más ahora, ya que el momento en el que vivimos es tan rápido y competitivo que resulta difícil poder dar respuesta a un consumidor que:

- **quiere más**
- **sabe más**
- **tiene más**
- **sabe más que nosotros de lo que hay en el mercado; aquí y en las antípodas**
- **está completamente aburrido de y con nuestras propuestas**

Y por eso el marketing no puede dar respuesta: sencillamente no hay tiempo para poder investigar, desarrollar e implantar lo que hemos investigado; entre otras cosas porque cuando lleguemos al mercado es muy probable que otros ya estén allí. De esta manera el marketing queda relegado a ese papel de desarrollador de implantación de promociones y de comunicación que ha desvirtuado su auténtico rol: generar rentabilidad para la empresa.

Capítulo 2

Consumering®: una ventana abierta al aire fresco del mercado

Y como no puede dar respuesta, es por lo que hay que reconocer que necesitamos abrir una ventana y respirar aire fresco: el aire fresco de saber que podemos volver a ser un poco más dueños de nuestra estrategia y destino; el aire fresco de volver a levantarnos por la mañana e ir a trabajar pensando que nos vamos a divertir otra vez y que "hoy va a ser un día diferente"; el aire fresco de la motivación de las personas que trabajan en las empresas por el que reconozcamos que TODOS estamos aburridos y queremos hacer cosas nuevas para que funcione el mercado. Este aire fresco existe y hay empresas que lo practican.

Consumering® lo pone todo junto y ofrece una nueva visión, un nuevo ciclo de marketing para un nuevo ciclo empresarial que puede o no utilizar las herramientas del marketing tradicional y que supone una nueva manera de enfocar las cosas.

Qué es Consumering®; qué requiere Consumering®

Consumering® es la orientación empresarial al consumidor final con el propósito de establecer una asociación recíproca de intereses con que el consumidor obtenga la satisfacción de sus necesidades funcionales, emocionales y relacionales y la empresa los objetivos de rentabilidad estratégicos de su plan de negocio y con que el uso y poder sobre las herramientas tradicionales se cede al consumidor final.

Como tal supone la entrega del poder al consumidor, quien puede elegir y condicionar el mix más adecuado a sus necesidades puntuales en cada momento dentro del modelo de negocio que la empresa se haya determinado, así como el modelo relacional que más le convenga en dicho momento. Requiere, por lo tanto, tres elementos fundamentales:

1. **La flexibilidad de los procesos críticos y la posibilidad de creación de algunos de ellos por parte del consumidor en base a su información y deseos versus procesos fijos y predeterminados por la compañía.**
2. **El desarrollo de una marca de identidad que permita la confianza, reafirmación y proyección del individuo a nivel individual y social versus posicionamiento funcional.**
3. **La creación de redes de pertenencia para el consumidor y de redes de servicio con proveedores y aliados para extender y poder atender las demandas del mismo versus relaciones 1 a 1 ó relaciones 1 a varios.**

Consumering® es pues la respuesta a la creciente demanda de poder por parte del consumidor para elegir aquello que quiere y para poder responder a un mercado cada vez más exigente y rápido en el que la diferenciación es efímera y hasta cierto punto inexistente.

Consumering®: un guión; tres actores

La idea central del Consumering® es la co-creación de una marca por parte de toda la cadena de valor hecha por y para aquellos consumidores que se sientan atraídos por la propuesta global que aquélla les haga, de tal manera que cada actor obtenga aquello que necesita y busca en cada mercado en particular. Este conjunto de actores se agrupan en tres grandes bloques:

Por un lado, la empresa y sus componentes. El rol fundamental de la empresa es la creación, mantenimiento y desarrollo de una marca que sea reconocida por todos y cada uno de los componentes del mercado. El premio es la consecución de un margen sostenible en el tiempo por dos motivos: primero, por no tener capacidad excedente de producción al hacer que la propuesta sea atractiva a más consumidores potenciales al permitir que éstos sean los que se "auto-configuren", si así lo desean, la solución final que quieran; y segundo, porque esta "auto-configuración" hace que el precio final sea también marcado por el consumidor, no cuestionándolo por lo tanto y obteniendo la empresa la máxima rentabilidad posible en cada momento.

El número de marcas que ejemplifican este tipo de empresas son numerosas, entre ellas Starbucks, Dell, Zara, Virgin, Ikea, Séphora, Yellow Tail, El Circo del Sol…, y que, como veremos más adelante, desarrollan estos aspectos de manera diferente.

Para Consumering®, el segundo grupo de actores son las empresas y colaboradores, es decir, todos los que no son empresa o consumidor final y que ayudan de una manera u otra a la generación del valor de la marca, bien proponiendo alternativas y mejoras, bien respondiendo a las demandas que los diferentes consumidores hagan a lo largo del tiempo y como consecuencia de la relación que hayan establecido con la marca.

El ejemplo más cercano de este tipo de estructura de suministro lo representan los inter-proveedores de la cadena española de supermercados Mercadona, quien cuida y exige de ellos lo mejor de lo mejor pero a los que no falla si cumplen, y si no lo hacen tampoco los abandona de manera inmediata y sin más (con muy pocas excepciones puntuales). Adicionalmente, les ayuda en su desarrollo para alinear la filosofía de negocio marcando ciertos comportamientos comunes con ellos. Y por supuesto acepta que realicen el mayor margen que el mercado les permita. Sencillamente, Mercadona no puede permitir que sus inter-proveedores pierdan dinero, ya que esto sería su propia ruina.

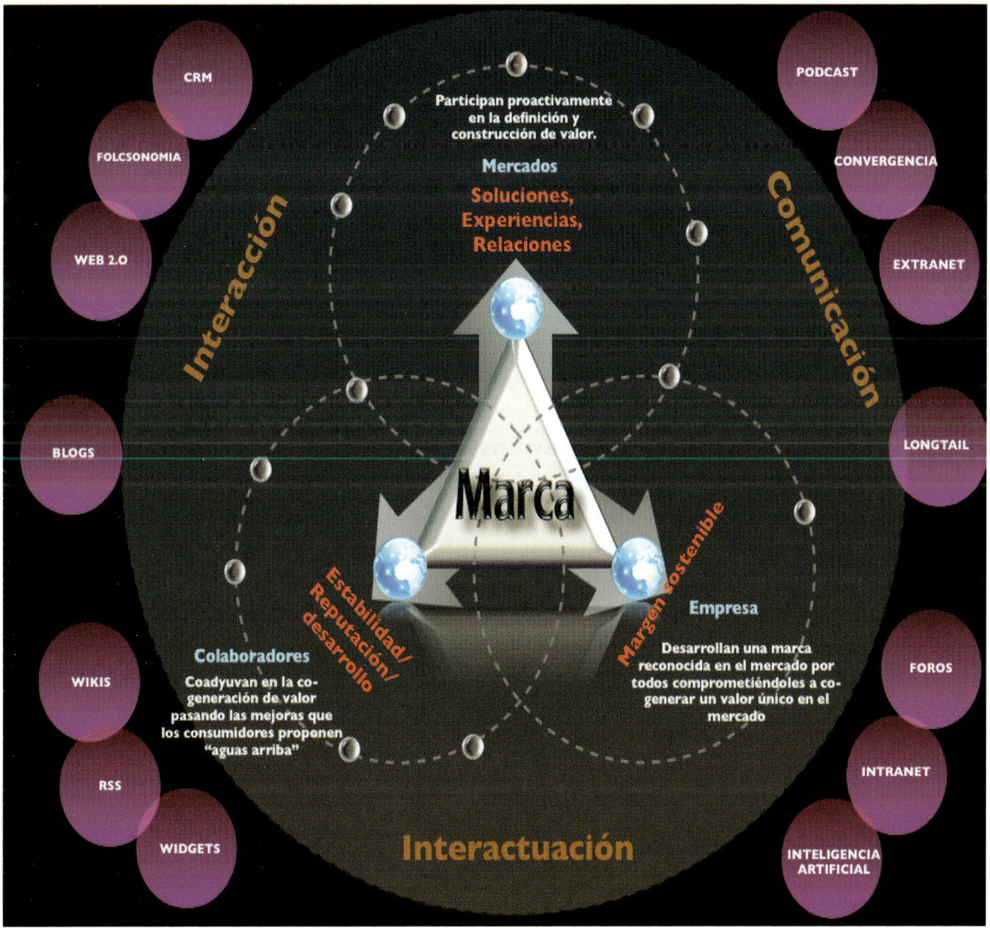

Finalmente el tercer grupo de actores, los consumidores de los diferentes mercados donde se compita. Estos consumidores participan proactivamente en la definición y construcción de valor. Y lo hacen bien porque les podemos preguntar e involucrar directamente, bien porque al analizar su comportamiento podamos leer lo que realmente buscan o lo que les falta o bien porque ellos mismos quieran participar en dicha co-creación de valor. Su recompensa es la de recibir la solución y satisfacción de lo que necesitan en la medida y precio que consideren en cada momento. Pero no sólo reciben las soluciones que buscan, sino el conjunto de experiencias y relaciones que en cada momento el sistema de Consumering® pueda ofrecerles. En resumidas cuentas es proporcionarles la libertad de elección, el control del proceso, la seguridad de que lo que eligen es lo que más se aproxima a lo que quieren; y que al hacerlo obtienen el rendimiento que buscan y la vivencia del proceso con la intensidad que en cada momento necesiten o les apetezca.

Y todo ello apoyándonos en la mayor red posible de interrelación basada en el uso inteligente y selectivo de las nuevas tecnologías y de la presencia física o/y virtual que demanden en cada momento: interactuando, interaccionando y comunicando en la medida e intensidad que nos demanden.

Esto es lo que el Consumering® es y lo que supone. ¿Fácil? Bueno, ya verán como no es tan difícil como parece.

Nuevos tiempos, nuevas estrategias

Resumen

Los nuevos vectores de competitividad requieren estrategias claras y bien ejecutadas. Desde una perspectiva Consumering®, las empresas definen sus estrategias basándose en cuatro factores: tecnología, procesos, funcionalidades y concepto de marca. Los grandes triunfadores serán y son los nuevos modelos de negocio, que son los que cuestionan todos y cada uno de los factores generando rupturas conceptuales en los mercados en los que compiten.

Se ha partido de que las características de los tiempos que corren son el cambio permanente, la velocidad del mismo, la sorpresa, la incertidumbre y el riesgo. Vamos, lo que todo inversionista más odia. Pero así son las cosas. Y por ello las estrategias empresariales deben abordar esta situación y definir líneas claras de actuación que contra-balanceen esta situación.

Los elementos constituyentes de dichas estrategias girarán en base a cuatro elementos fundamentales. Por un lado, la propuesta central que la marca haga al mercado y represente para los consumidores; el segundo elemento son los procesos que sean capaces de entregar esa promesa y que deben introducir la flexibilidad necesaria para que los consumidores sean los que decidan la configuración final de su solución; el tercero es la tecnología o conjunto de tecnologías que permitan los diferentes grados de funcionalidades principales o secundarias que se ofrecen siendo este el cuarto y último elemento. Es la combinación de estos dos últimos elementos lo que permitirá disponer de mayor número de grados de libertad que hará que más consumidores se acerquen a la propuesta de la marca y que puedan encontrar el mayor número posible de soluciones a sus demandas.

Dentro de estos elementos, es posiblemente la decisión sobre la tecnología la más sensible y de mayor riesgo en los tiempos que corren por el grado y velocidad de su evolución y que hace que los plazos de renovación y amortización sean críticos. Si buscamos una tecnología propia debemos asumir su rápida obsolescencia y las implicaciones que su sustitución va a tener en nuestro plan de inversiones y en la cuenta de resultados. Si utilizamos una que no es propia, entonces debemos asumir que la diferenciación vendrá por elementos no relacionados con la funcionalidad del producto que estemos ofreciendo y deberemos poner más énfasis en procesos y propuesta de marca.

Basándonos en eso, podemos dibujar cinco estrategias dominantes en la situación actual.

1. **La hipersimplicidad** es una estrategia en la que se ofrece una propuesta muy simple a la sociedad y en la que el elemento dominante es el concepto. Todo aquello que la marca representa es esperable, fácilmente comprensible y sin mayor complejidad para la sociedad.

Por este motivo, los procesos productivos o de servir son externalizables a expertos en la materia, con excepción de aquellos que representan el núcleo de la ventaja competitiva y los de la comunicación y relación con el consumidor. Ejemplos de esta estrategia son Innocent Smoothie o chocolates Pancracio. Las previsibles posiciones competitivas son de dos marcas premium en el mercado y una marca de bajo coste.

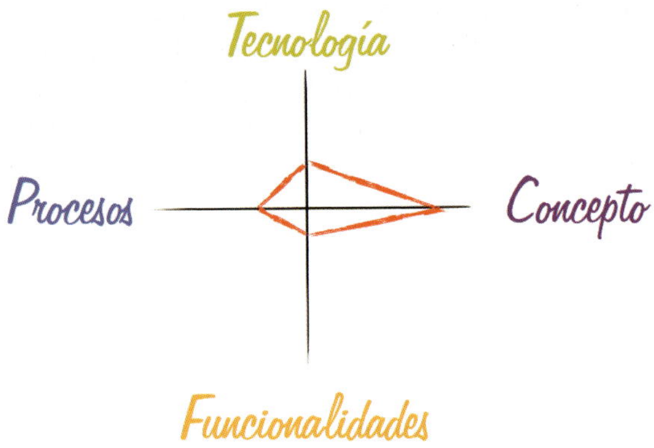

2. Los ensambladores o compañías que fabrican para terceros o genéricos del mercado. Esta estrategia es intensiva en tecnología y su éxito depende de la rápida amortización de la misma y de la explotación de su ciclo en diferentes productos o/y mercados para acelerar dicha amortización.

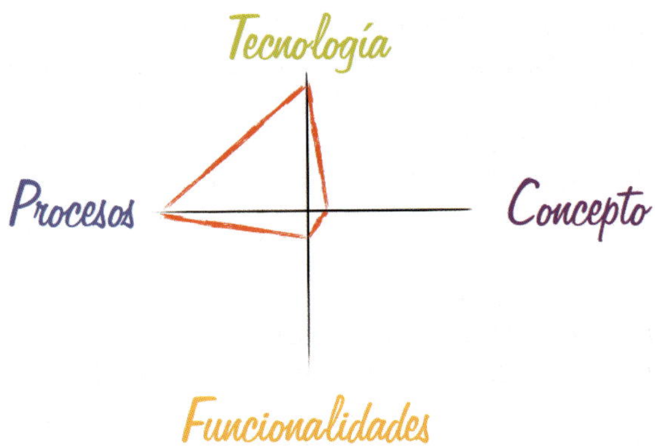

La promesa fundamental de la marca es la elaboración de un producto muy concreto para un tercero con una conexión con el consumidor final para asegurar la rapidez de adecuación a los cambios que éste pida a lo largo del tiempo. Los procesos deben ser por lo tanto rápidos, cortos, baratos y garantizar grandes volúmenes. Representantes de estas compañías son los grandes maquiladores, como los representados por la Asociación Española de Fabricantes de Sustancias y Especialidades Farmacéuticas Genéricas, las unidades de negocio que fabrican los productos de Mercadona o los grandes fabricantes como Panasonic, LG, Sony, Honda, etc., que fabrican productos determinados para categorías en las que luego compiten con marca propia.

3. Hiperespecialización. Bajo esta estrategia, las marcas son intensivas en funcionalidad, realizando una tarea de manera muy eficiente y cuasi exclusiva alrededor de una idea central hacia la que todos los procesos se enfocan. Puede tener o no tecnología propia, pero si la tiene es muy concreta y centrada en esa idea principal.

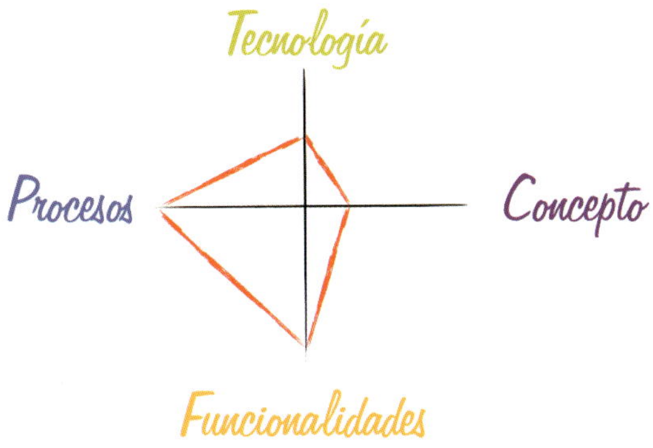

El resto de tecnologías son externas. La diferencia fundamental con la hipersimplicidad es que, bajo esta estrategia, la marca puede extender su propuesta a diferentes mercados, mientras que la hiperespecialización se centra en uno sólo. Marcas como Pepe Cars, The Sanctuary en Covent Garden –Londres– o Isolee en Madrid son ejemplos de esta estrategia. La estructura competitiva es similar a la hipersimplicidad y, aunque haya numerosas marcas, sólo dos reconocidas y una de bajo coste serán las que tengan más peso en el mercado.

4. La diferenciación seguirá siendo una estrategia dominante en el mercado y, junto con la de ensambladores, las mayoritarias, ya que ambas son herencia de las mencionadas por Michael Porter en sus trabajos y por lo tanto reflejo de lo que hoy hay en los diferentes sectores. No obstante, la diferenciación deberá asumir que su palanca fundamental será la de la innovación y la iniciativa en el mercado.

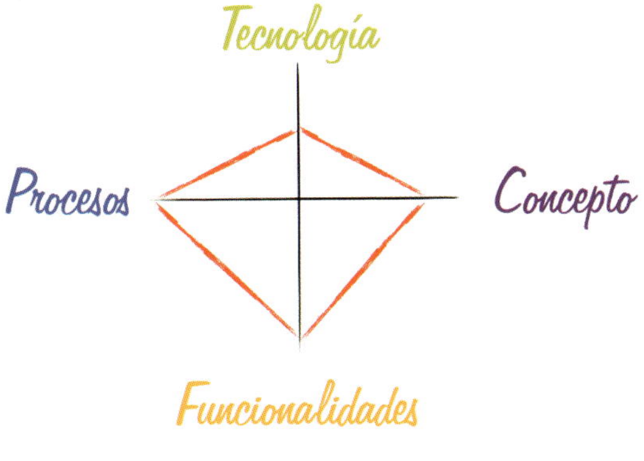

Debido a la proliferación de propuestas en el mercado bajo esta estrategia, sólo aquellos con mayor nivel de rotación de iniciativas de éxito serán los que lideren el mercado. Para ello, deberán abordar un plan de uso de tecnologías, fundamentalmente de terceros, para poder mantener el nivel de cambio e innovación necesario. Como resultado de ello es posible que las marcas deban buscar alianzas con otras, bien para una explotación conjunta de tecnologías, bien para realizar propuestas más fuertes y robustas a los consumidores y competir de manera común por el "share of wallet". Si bien los grados de libertad en la elección de la solución final son centrales en todas las estrategias, en el caso de las compañías que compiten en diferenciación son esenciales, dada la previsible abundancia de empresas que compiten en esta estrategia en cada mercado. La propuesta fundamental que debemos hacer consiste por lo tanto en satisfacer una gran variedad de necesidades con grados de libertad amplios para que los clientes sean los que cierren su solución, por lo que también serán intensivos en procesos y en concepto.

5. Nuevos modelos de negocio. Los claros triunfadores, como siempre, serán aquellos que ofrezcan algo radicalmente diferente en cada mercado, una solución nueva, distinta y que huela a fresco, una combinación que tiene más posibilidades de éxito ahora si tenemos en cuenta el grado de aburrimiento que nuestros clientes tienen. Llámenlo océano azul, nuevo modelo, innovador..., póngales el nombre que quieran: son los triunfadores. Estas compañías amplían, reducen, eliminan o crean procesos nuevos para ofrecer un valor diferente en el mercado.

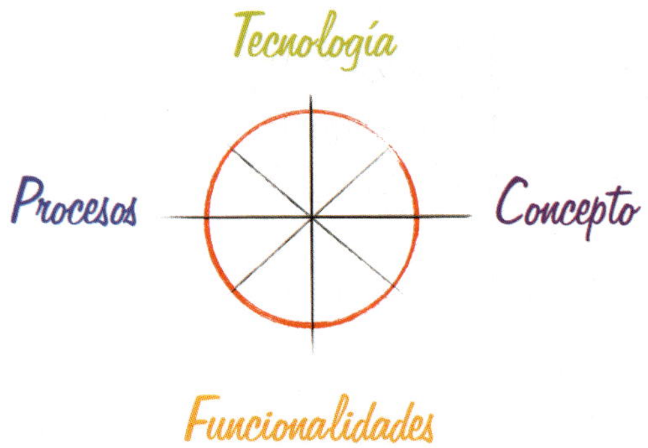

La tecnología puede ser propia o de terceros; no importa tanto porque aquí lo que importa es el conjunto, lo que hace que la diferencia sea valorada por el cliente. Casos como Zara, Starbucks, Dell o El Circo del Sol, entre otros, representan estos nuevos modelos de negocio que tanto éxito tienen y han tenido y que se sitúan claramente aparte de otros negocios que compiten en el mismo sector.

Es por ello por lo que los nuevos modelos de negocio seguro son intensivos en procesos y concepto, pudiendo serlo también en tecnologías y funcionalidades, según el caso, y en la decisión del desarrollo de espacios de marca, como veremos más adelante.

Naturalmente, una compañía puede ejecutar diferentes estrategias en un mismo mercado, pero si lo hace debe asegurarse de que no compite bajo la misma marca ni bajo la misma propuesta y que los consumidores no las identifican como dos perros de la misma camada; porque si eso ocurre, al final una de las dos propuestas (si no las dos) saldrá perjudicada. Por eso vaya eliminando la palabra "sinergia" de su vocabulario. Sí, como lo oye. No es que no deban optimizar los procesos y que no intenten ahorrar todo lo que puedan, no; eso sería absurdo, irresponsable e ilógico.

Pero el problema es que los empresarios han hecho bandera de esta palabra e intentan hacerlo todo con lo mismo; y eso es sencillamente inadecuado en muchas circunstancias. Las estrategias deben ser ahora tan claras y diferenciadoras que una compañía no debe hipotecar sus resultados por no disponer de las características y capacidades específicas necesarias en cada caso. Si quiere ejecutar diferentes estrategias, constrúyalas y ejecútelas con las capacidades necesarias en cada situación. Al final será más rentable que si no lo hace.

- Revise su modelo de propuesta al mercado y analice qué quiere hacer si su desarrollo es acorde con las palancas de competitividad correspondientes.

- Identifique en qué es líder o puntera su empresa en los mercados en los que compite.

- Defina las capacidades necesarias para el éxito y compárelas con las disponibles en su organización y las de sus asesores si los tiene.

- Póngalo todo junto y, siendo honesto y crítico, identifique lo que necesita y tiene para planificar los cambios necesarios.

Capítulo 3

En Consumering® otros diferencian por usted

Resumen

Bajo Consumering®, la diferenciación viene marcada por los grados de elección que ofrezcamos a nuestros consumidores. Así ellos/as serán los que diferencien los productos que compran mediante las elecciones que realicen en cada momento. Consumering® es el mundo del selfcustomization comparado al "traje a medida" o mass customization actual.

La primera vez que las vi me pareció una idea fascinante: eran las tartas personalizadas.

Vas a visitarles, les llevas una foto de la persona a la que quieras homenajear, les hablas de ella o de él; hobbies, algunos datos y, ¡listo! te hacen una tarta especial y única para esa persona. O, si quieres, pueden hacerlas con sus personajes favoritos, o tartas corporativas o con los motivos que se quiera.

Si prefieren algo más sofisticado, siempre pueden entrar en my twinn y regalar una muñeca con la cara de su hija o de quien deseen. Llevan muchos años y para aquellos que no les importe verse todos los días en 3D es una alternativa curiosa. Aunque para algunos es terrorífico, para gustos están los colores.

¡Ah!, que no es una niña... Ya veo... Bueno, siempre puede ir a my bag (http://www.mybag.com.au/) y personalizar una bolsa con la foto de quien usted quiera: sus hijos, su suegra, su perro... En fin, con el motivo que quiera. Y si quiere algo más "fashion", no lo dude, vaya a Anya Hindmarch y personalice bajo una marca realmente "glossy".

Claro, usted no lleva bolso, pero ¿cómo le apetece el café hoy? En Starbucks son especialistas en ofrecerle alternativas; es un tecnólogo, entonces siempre tendrá a Dell Computer y más recientemente (desde 2008) a Apple para configurar lo que necesite, si bien es cierto que el primero ofrece más alternativas. Dese también una vuelta por Sephora y toque todo lo que quiera; nadie le va a poner pegas. Y si quiere sus propias Nike, siempre puede teclear NikeiD.com y configurárselas.

Nos guste reconocerlo o no, estamos rodeados por marcas que nos ofrecen la personalización de nuestros productos. Por supuesto que también ofrecen versiones básicas, las esenciales, las que podemos comprar inmediatamente. Pero si queremos algo especial, también lo tienen para nosotros.

Este es el secreto de la diferenciación en Consumering®: los grados de libertad que demos a los clientes serán nuestra seña de diferenciación. La antigua gama y línea de productos se sustituye hoy por la gama y línea de opciones a partir de una oferta elemental que, eso sí, debe ser lo más asequible posible para poder no sólo atraer a los compradores de precio, sino a aquellos que quieren una solución simple y funcional. Evidentemente, el producto base debe de cumplir con la funcionalidad básica de acceso a la categoría (el "para qué" nos compran) de manera impecable y sin fisuras. Si fallamos en esto, el resto de la propuesta se caerá por falta de credibilidad.

Al explicar esto en conferencias o sesiones, siempre surgen dos comentarios:

1. La no replicabilidad

"Yo no puedo dar tantas alternativas como las puede dar un Starbucks" (por ejemplo).

Es evidente que no todas las categorías de productos ofrecen las mismas posibilidades de opciones, bien por razones tecnológicas o por otras de tipo logístico, de producción, etc. Estoy de acuerdo con esto, pero recuerde: no se trata de ser quién no eres, sino de ser diferente en tu categoría.

Por eso si sólo puede dar un grado de libertad en su categoría y usted es el único en hacerlo, entonces habrá dado con una ventaja fundamental en el mercado; si son dos, pues dos, y así sucesivamente. Lo necesario es que ese grado de libertad sea significativo para su mercado. O mejor dicho: el grado de atractivo de esos grados de libertad determinará el número de consumidores que se sientan atraídos hacia su propuesta.

2. La no posibilidad

"En mi sector, no podemos ofrecer alternativas de elección por razones legales o de distribución".

Típicos ejemplos de esta situación son la leche, la verdura congelada, etc. Es cierto que en estos casos la posibilidad de elección es más difícil o imposible en el punto de venta. En los casos extremos no queda más remedio que asumir que internet es la alternativa para que los clientes puedan elegir a través de la red si así lo quieren. Recuerde que lo importante no es que la elección tenga lugar, sino que los consumidores sepan que si quieren pueden elegir. El caso de Nike ID explica que las posibilidades están ahí y que lo importante es ofrecer esa posibilidad.

El caso de la verdura congelada, por ejemplo, no es tan complicado tecnológicamente si el canal quiere contribuir, ya que la entrega de producto en sacos para después poder dispensarlo en una bolsa "al gusto", no es tan difícil si deja margen para todos. Al fin y al cabo, ¿por qué tener que comer guisantes si a mí me gusta que mi menestra tenga más brócoli? Y en el peor de los casos siempre nos queda la posibilidad de cambiar el modelo de negocio o abrir una nueva línea en la que dominemos la distribución y el punto de venta, como puede ser el caso de "la Sirena", "el especialista en congelados", con sus tiendas físicas y su compra on line en la que puedes elegir tus congelados. Y por cierto, más barato que en muchas grandes superficies.

Si a pesar de los ejemplos no pueden darse grados de libertad de ninguna manera dentro de su sector (cosa que dudo), no desespere; el Consumering® es más que esto. Siga leyendo; verá cómo puede poner en práctica otros elementos y encontrar soluciones para aumentar su margen.

Si la capacidad de elegir se ha manifestado en algún negocio conocido, es en el de itunes. En el mundo de las descargas gratis por internet, en el que algunos intentan defenderse con cánones, una mente preclara prefirió hacer dinero hace ya muchos años al entender que comprarse un CD, por sólo una canción que te gustara, era pedirle demasiado al consumidor. Déjame elegir; sólo quiero esta canción es el lema fundamental de itunes. Sus datos lo avalan.

**6.000 millones de descargas desde el 28 de abril de 2003 hasta el 6 de enero de 2009.
20 millones de descargas el 25 de diciembre de 2007.**

Capítulo 4

No segmente: sí, sí, como lo lee. Sólo usted lo necesita y no su consumidor

Resumen

La segmentación es uno de los tótems sagrados del marketing tradicional y mucho más ahora que las compañías han instalado ERPs, CRMs y toda una serie de herramientas de análisis de clientes. Lamentablemente hemos perdido el sentido de la diferencia entre segmentación de marketing (producto), comercial (ventas) y de comunicación (promoción, mensaje y medio) confundiendo estas últimas con aquélla. A estos tres criterios hemos de añadir las incontables agrupaciones de clientes y consumidores que las mencionadas herramientas generan, aumentando la ceremonia de la confusión que campa en algunas empresas.

En Consumering® los criterios de segmentación comercial y de comunicación se mantienen, pero se abandona la segmentación de marketing: no la necesitamos, ya que son los propios consumidores los que se autoconfiguran la solución final determinando de esa manera el mix final real de la misma. Así, el desarrollo del mix consumidor-producto que nos ha llevado a la hipersegmentación y a la proliferación de SKUs da paso a una propuesta más o menos amplia a la que puede sumarse quien quiera. Las ventajas de esta no segmentación tradicional es el aumento del margen, porque lo posibilidad de utilizar toda la capacidad instalada es mucho mayor en este caso que bajo los parámetros tradicionales al atraer a un mayor número de consumidores que con una propuesta cerrada.

Confío en que estaremos de acuerdo en que el título del capítulo es cuanto menos provocador, ¿no? Eso es lo que se pretende para poder hacer una profunda reflexión sobre uno de los temas tabúes del marketing actual: la segmentación.

Y es que si hay algo que genera polémica en relación con el Consumering® es la afirmación de que el empresario no debe segmentar en la forma y sentido tradicional de la palabra. Para muchas empresas esto es sencillamente impensable. Parte del problema está en que las empresas de hoy hacen segmentaciones de carácter comercial (a quién dirijo mi fuerza de ventas) y comunicacional (sobre quién quiero impactar) como manera de optimizar sus recursos, no entendiendo que la segmentación de marketing sirve para decidir cuál será la oferta de producto o servicio para los consumidores. Cuando desde Consumering® se dice que no hay que segmentar, nos referimos a la última exclusivamente, y lo que se propone hacer es una oferta más amplia al mercado para que quien quiera pueda configurarse el producto o servicio final. Producto o servicio que, si está muy definido, será rechazado por aquellos que no se identifiquen totalmente con el mismo.

Lo curioso de la polémica anteriormente comentada es que cuando preguntas a los ejecutivos en cuestión por su propio comportamiento de compra, todos reconocen que prefieren elegir lo que quieren comprar y que cada vez utilizan más y más la "autoconfiguración" como alternativa de consumo y compra. Todos van a Ikea, compran en iTunes, toman café en Starbucks, etc. Lo hacen cada vez más, pero no ven cómo hacerlo en su negocio.

Siendo menos provocativos, podemos decir que en Consumering® se hace macrosegmentación en función de conceptos que sean atractivos a cuantas más personas mejor independientemente de sus características concretas. ¿Quién compra hoy un coche de alta gama? Quien quiera y tenga dinero para ello. Y esto independientemente de que nos dirijamos a un cliente determinado (segmentación comercial) o que se lo contemos a alguien en concreto (target de comunicación).

Por eso, no se asuste; va a seguir haciendo agrupaciones de consumidores o clientes. Pero para venderles o comunicarles. En lo que al diseño de oferta se refiere, deje que sean otros los que elijan la configuración final y que compren lo que quieran (como ya lo hacen ahora), pero en lugar de hacerlo desde una oferta cerrada como ahora, ábrala y deje que se acerque aquel que la quiera.

La trampa de la segmentación y su posible impacto negativo en el negocio

Y es que ya lo hemos dicho: el respetable y útil marketing tradicional está diseñado para las empresas, para dar respuesta a las preguntas habituales de los inversionistas, etc. Y para ello lo primero es definir dónde competir y con qué competir. Claro, no tenemos dinero para todo y debemos enfocarnos en hacer aquello que sabemos hacer mejor y optimizar la inversión. Eso nos lleva de cabeza a la segmentación y de ahí al desarrollo del mix: un producto, un precio, un lugar de distribución y un mensaje a comunicar: *"Cómprame, mira lo que hago por ti".*

Pero, ¡cuidado!, necesitamos conocer cuánto vamos a vender para ajustar nuestra capacidad de producción (en el mejor de los casos, lo normal es estimarlo) y así ser rentables. ¡Vamos a investigar! Y así se hacía/hace y con ello tomamos decisiones que luego son acertadas o no, porque una cosa es la investigación y otra cosa la realidad, es decir, qué hará la distribución cuando lancemos el producto o cómo reaccionará la competencia cuando nos vea ahí fuera.

En la siguiente figura vemos dos casos. En ambos hemos hecho la investigación y hemos ajustado la capacidad de producción a lo que la investigación y los tests nos han dicho. Pero luego llega la cruda realidad. En el caso del segmento 1 las ventas no responden a las estimaciones.

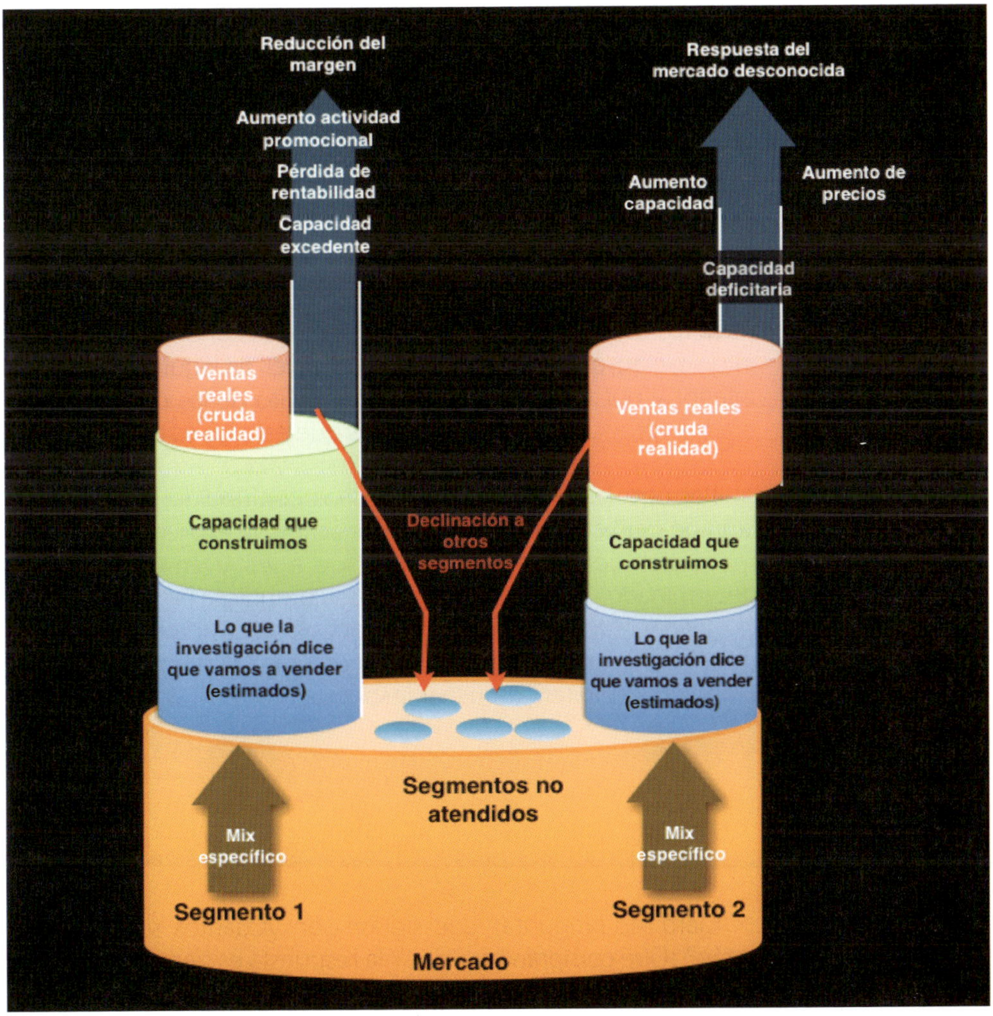

Tenemos capacidad extra que hace que nuestro margen real sea menor que el previsto; ya saben, eso es lo que tienen los costes fijos o/y de estructura. Ante eso las compañías comienzan bien con promociones para vender más, fabricando para terceros. En ambos casos se acomoda el mercado y la rentabilidad decrece. Mal asunto.

En la segunda situación resulta que el segmento reacciona mejor y tenemos más peticiones de las que podemos servir. *¡Ya decía yo que esto iba a ser un éxito!* (¿Han comprobado con qué facilidad todos se apuntan al éxito... a posteriori?). Así que nada, consultamos el libro y entonces o construimos más capacidad o aumentamos los precios. Pero, ¿cómo reaccionará el mercado a ambas cosas?

Adicionalmente, la tentación será declinar posteriormente el producto a más segmentos del mercado, para lo cual debemos cambiar la propuesta y confundir posiblemente a unos y a otros. ¿Les suena? Esta es la vida del día a día de muchas empresas con decisiones que toman sobre la marcha sin una planificación adecuada.

El resultado es una hipersegmentación de los mercados ofreciendo muchos productos a los mismos consumidores y añadiendo complejidad a los procesos de fabricación. Piensen en los yogures, por ejemplo. ¿Cuántos hay hoy en día en comparación a los que había hace unos años? ¿Y las patatas? Reconozco que ya me he perdido en el tema de las patatas. Las hay de todo tipo y para todas las cosas.

Lo cierto es que ésta era la forma correcta de actuar cuando nuestros clientes estaban menos dispersos, cuando tenían menos información que ahora y cuando el nivel de equipamiento era inferior, y por todo ello el comportamiento de los consumidores era más previsible. Pero ya sabemos que esto no es así.

Por otro lado, las empresas hemos confundido la segmentación de marketing (que es la que se acaba de explicar) con la segmentación comercial (a quién vamos a visitar en un momento determinado) o la segmentación de comunicación y promoción (a quién vamos a dirigir nuestro mensaje o actividad).

Ahora es típico llegar a una empresa y a la pregunta: "*¿En qué segmento compites?*", escuchar respuestas como la siguiente:

> *"Hombres y mujeres entre 35 y 50 años, de clase media, trabajadores por cuenta ajena; urbanitas pero sensibles al medio ambiente; que valoran la buena vida, las cosas naturales y cuya aspiración es tener una vida equilibrada".*

Claro, las preguntas que siguen son: ¿Cuántos son? ¿Dónde están? ¿Qué compran hoy? Etc. Y la respuesta es siempre la misma: NO LO SÉ.

Bueno, pues si no lo sabemos, ¿para qué segmentarlos? ¿Cuánto puedo venderles? ¿Y si tengo 30 años? ¿Y si no soy sensible al medio ambiente? Luego nos quejamos de que no tenemos capacidad suficiente o de que nos sobra y nos hemos equivocado en las estimaciones de ventas.

Entre todos los sectores que segmentan, los de telecomunicaciones y especialmente las instituciones financieras son los que más juego dan, tengo que reconocerlo. Porque, claro, decirle a un bancario que no segmente es como mencionarle a la "bicha". A ver, la banca segmenta no tanto en función de lo que el mercado le demanda, sino por motivos de riesgo interno. Una vez más lo hacen por necesidades propias y no porque el consumidor lo demande así. Son los analistas de riesgo los que limitan el desarrollo de ciertos productos en el mercado. No es que esto esté mal, no. Sencillamente es para que seamos conscientes de que **la segmentación es algo que nosotros necesitamos y no algo que el consumidor necesite o quiera;** porque lo que éste quiere, recordémoslo, es hacer lo que le place en cada momento determinado.

Por eso, aquello que nos ayudó, y todavía nos ayuda en muchos casos, puede que hoy se haya convertido en una trampa y que nos limite en el desarrollo de nuestro negocio y mine nuestra rentabilidad.

¿Qué propone el Consumering® entonces?

Algo relativamente más sencillo y que, de hecho, cualquier empresario ejecuta si tiene que hacerlo, ya que ningún empresario pone limitaciones a que nadie compre su producto si quiere y tiene dinero para pagarlo y si no hay restricciones de tipo legal para ello.

Por ello, y si al final es lo que acabamos haciendo, Consumering® propone hacer de necesidad virtud y estructurar la oferta de la compañía de tal manera que pueda resultar atractiva al mayor número de consumidores de un cierto mercado mediante la configuración de la solución final por parte del consumidor. De hecho puede ocurrir que, si la propuesta tiene suficientes elementos, atraerá a consumidores de otros mercados. Si se siente más a gusto llamando macrosegmento a lo que aquí se llama mercado, adelante, hágalo.

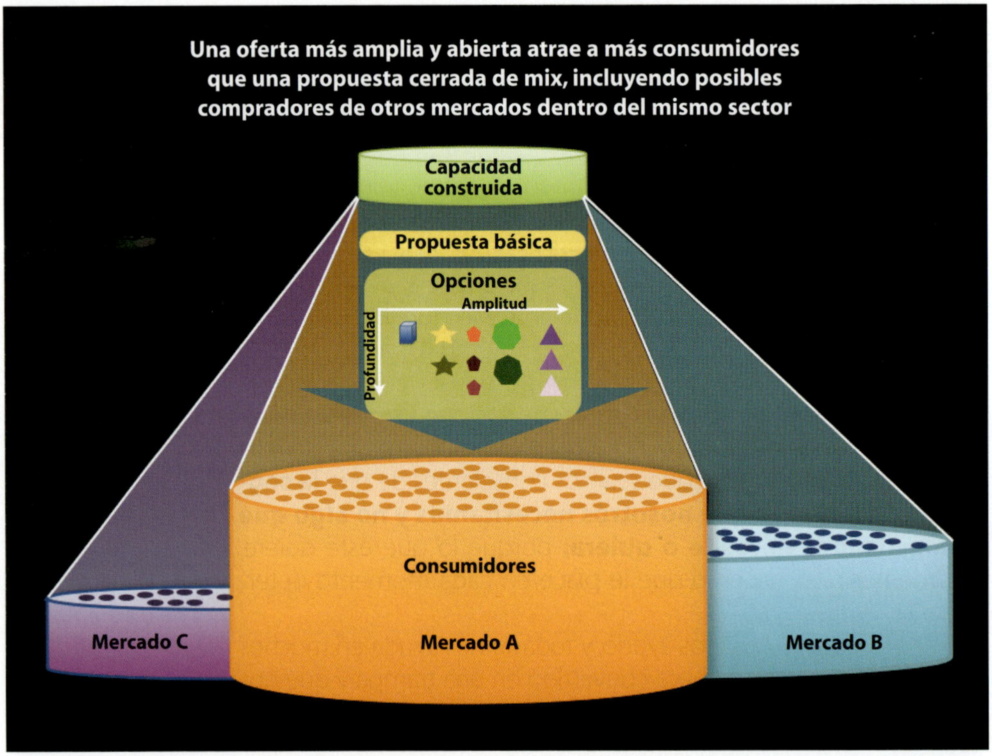

Pero el concepto seguirá siendo el mismo: cuanto más abramos la solución final a la elección de los consumidores y a más consumidores, más probabilidades tendremos de no tener capacidad productiva excedente y de obtener una rentabilidad sostenible en el tiempo. Y las probabilidades de ser rentables son mayores que si acudimos a la hipersegmentación, porque no necesitamos producir y almacenar *n* productos, sino los elementos de configurabilidad final que por definición son menores que los productos que necesitaremos (ya que los consumidores juegan con combinaciones de los mismos) y porque su coste unitario es inferior al de un producto en concreto.

Mañana, cuando llegue a la oficina, pida o revise el segmento al que van dirigidos sus productos. No el público objetivo, sino el segmento.

Mejor aún, convoque una reunión de dirección y pida que los diferentes directores escriban (sí, sí escribir y luego leer en voz alta) a qué segmento se dirige cada uno de los productos. Verá qué sorpresa se lleva. ¡Ah!, ¿que cada uno piensa una cosa diferente? Pues no es tan difícil saberlo, basta con que hayan leído el documento de producto. Cómo, ¿que no lo tiene? Entonces, ¿por qué tanta preocupación en la definición de los productos, en la satisfacción de los consumidores y en su segmentación..?

Capítulo 5

Pero entonces, ¿dónde competimos? Los espacios de marca

Resumen

Desde Consumering®, lo importante es entender no tanto en qué sector o mercado competimos, sino cuál es el grado de extensión que los valores y concepto de marca pueden abordar en lo que denominamos "espacios de marca".

Consumering® entiende que puede encontrar al consumidor que hoy le compra en una categoría o en otra diferente. Si la marca es lo suficientemente fuerte y si el consumidor la valora como tal y no por la funcionalidad específica que la caracteriza, las posibilidades de la compra también en esas nuevas categorías son mayores.

La ventaja fundamental de la competitividad en espacios de marca en comparación a las extensiones de línea es el crecimiento del negocio en mercados diferentes, partiendo del conocimiento y afección positiva por parte de los consumidores y reduciendo por lo tanto la inversión que tenemos que realizar y el riesgo que ésta conlleva.

Es una buena pregunta, ¿no? La verdad es que ésta es una de las mejores preguntas que puede hacerse a un comité y una de mis favoritas. Después de más de diez años de consultoría, no he encontrado una sola empresa en la que haya recibido una respuesta unánime. Bueno, la verdad es que no la he recibido en ningún caso a cualquier pregunta de carácter estratégico de ningún comité de dirección, pero qué le vamos a hacer.

A lo que íbamos. Una de las claves estratégicas de cualquier compañía es poder responder en qué negocio están y cuál es su negocio, dos preguntas que hablan de lo mismo pero que son radicalmente diferentes. Lo interesante de esta pregunta en el caso del Consumering® es que, al huir de la segmentación tradicional como vehículo de definición del ámbito competitivo de la empresa, podríamos pensar que nos quedamos sin una definición de dicho ámbito.

Pero es que es justamente este aspecto uno de los más interesantes del Consumering®. Recordemos que en Consumering® el elemento central de la propuesta es la marca, que debe desarrollarse por parte de todos los actores aunque la empresa juegue el papel principal en este caso.

Pues bien, las marcas de Consumering® no compiten en segmentos o mercados concretos sino en lo que podríamos denominar "espacios de marca", y ésta es justamente una de sus fortalezas. Los valores centrales y expresivos de las marcas pueden ser fácilmente exportables a otras categorías de productos más o menos próximas. Esta decisión debe ir necesariamente acompañada de la estrategia que quiera seguirse en relación a la arquitectura de marca/s que la empresa haya determinado (casa de marcas o casa de una marca) pero es igualmente válida en ambos casos como puede verse en la figura siguiente, ya que la empresa puede atacar a un conjunto de mercados con la misma marca o con varias que pueden o no solaparse.

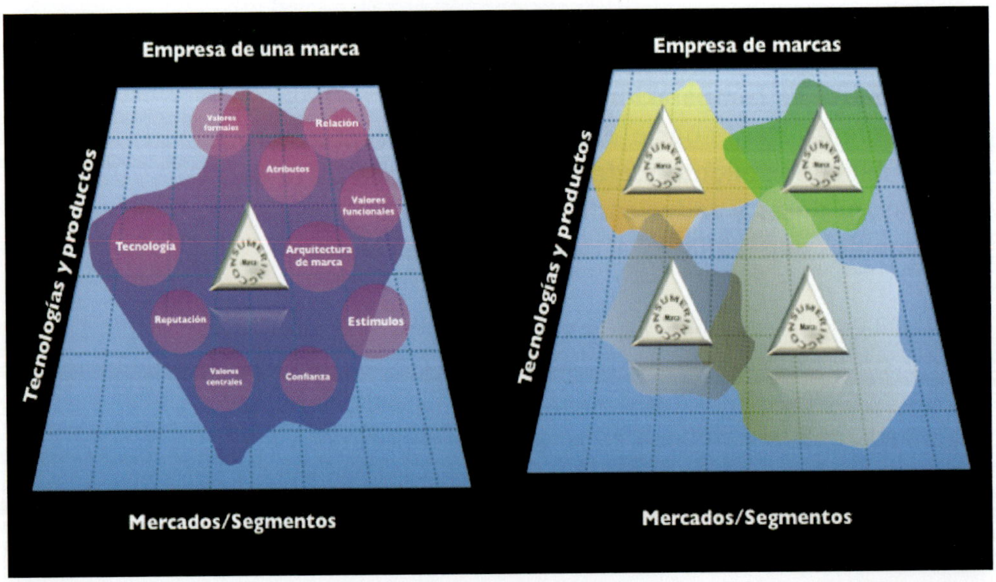

Desde esta perspectiva, las compañías se desarrollan creando marcas en las que la adecuación de sus valores (y no necesariamente la lateralidad) define los mercados/espacios en los que se compite. La extensión a otros mercados dependerá entonces de la adecuación de los atributos de marca a estos nuevos mercados. Se compite por lo tanto en "espacios de marca" más que en mercados.

La ventaja de esta aproximación es que en los diferentes sectores/mercados encontraremos a los mismos consumidores que rescatarían esos valores de marca para ser consumidores del "Brand equity" más que de un producto en concreto. Para poder hacerlo deberíamos considerar también que las tecnologías necesarias para competir en esos espacios abiertos y conceptuales no suponen una barrera, ya que, en el caso de no ser propias, deben subcontratarse o conseguir mediante asociaciones o alianzas estratégicas.

La clave es pues entender la "exportabilidad" de los valores de la marca y declinarla lateralmente manteniendo los valores centrales, relacionales y expresivos de la misma, ya que los funcionales deben ser necesariamente diferentes.

Los ejemplos que ya existen son numerosos. Apple o el grupo Louis Vuitton son ejemplos claros, y aunque siempre podemos decir que se mueven dentro de los mismos parámetros (tecnología y lujo respectivamente), representan un claro ejemplo de cómo puede hacerse.

Pero quizá el ejemplo más paradigmático sea el de Virgin. ¿Dónde compite la marca Virgin? Bajo su nombre podemos encontrar no sólo viajes en avión, tren, globo o espaciales sino también bebidas refrescantes, energizantes, tiendas de música o complementos o viajes o financieras. Todo bajo el mismo nombre y con el mismo nivel de aceptación por parte de los consumidores.

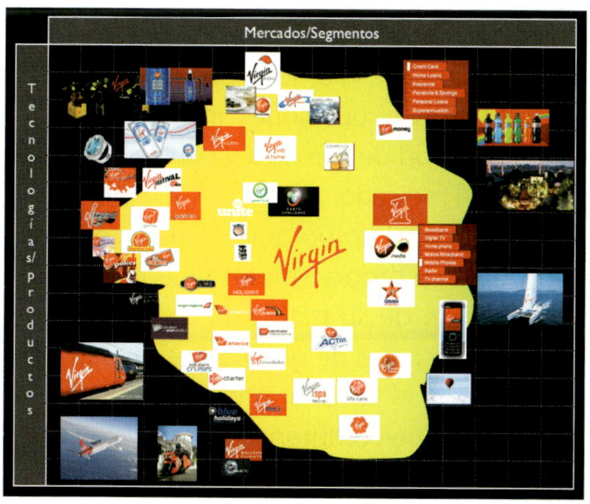

Es evidente que esta alternativa no es fácil de ejecutar, pero eso no quiere decir que no pueda hacerse. De hecho requiere la gestión adecuada del activo más importante y más maltratado de una empresa: su marca. La ventaja fundamental de una adecuada gestión de la marca es la fortaleza empresarial. Y sin embargo no le dedicamos ni un minuto en las empresas. Y si no, revise las agendas o las actas de sus comités de dirección. ¿Cuánto tiempo le ha dedicado en el último año? La pregunta debería ser cuánto tiempo en CADA comité, pero es que no se le dedica ni un minuto. De hecho los datos de una reciente investigación confirman nuestros temores y la realidad que vemos todos los días en las empresas. ¡Qué barbaridad!

La gestión de la marca y de sus espacios es posiblemente el trabajo estratégico más importante que una empresa puede realizar. Cuando un consumidor habla de la misma o la pide por su nombre está reflejando la fortaleza y viabilidad de la empresa en un mercado. Una buena marca nos protege de la competencia, de la crisis e incluso de nuestros propios errores (siempre y cuando no sean demasiado grandes como para no perdonarnos). Además nos permite mantener nuestra rentabilidad en el caso de que el mercado original en el que competíamos decaiga. Las marcas bien desarrolladas y con prestigio obtienen más rentabilidad y mayor estabilidad en el tiempo. Y sin embargo no las cuidamos.

Todo lo anterior suele ocurrir por dos problemas fundamentales que degeneran en varias consecuencias generalmente graves para la empresa. El primer problema es que el máximo responsable ni entiende ni sabe de estas cosas y por su propia limitación no le parecen importantes. El segundo es que o bien sólo se buscan resultados a corto plazo o bien se quiere el dinero en el bolsillo, por lo que la inversión en la marca y el tiempo necesario para desarrollarla se ve como superfluo y no necesario.

Como consecuencia de ello, no se conocen los elementos fundamentales y se toman decisiones inadecuadas que pueden poner en riesgo la salud de la marca y contribuir a los problemas de la empresa en el mercado.

Y esto resulta paradójico porque lo que estos empresarios o directivos niegan a su propia empresa luego lo ejecutan en su vida personal; hablan de su marca de coches, de su marca de ropa, de su marca de palos de golf, de la cantidad de restaurantes que conocen, etc. Al hacerlo, intentan convencer a sus amigos y conocidos de que compren las marcas que ellos usan utilizando un nivel y amplitud de vectores que luego no son capaces de replicar para sus propias marcas y de entender que, de la misma manera que ellos/as están "enganchados" a esas marcas, sus clientes pueden estar enganchados a la suya o a la de la competencia. Increíble pero cierto.

En un artículo publicado en El País, en el mes de Junio de 2008 denominé a esta visión cortoplacista el Síndrome de Orfeo en un intento mnemotécnico de que no nos fijáramos tanto en lo inmediato, sino que tuviéramos la paciencia necesaria para poder disfrutar de los resultados en el medio/largo plazo si hacemos bien las cosas.

ELPAIS.com > Economía > Negocios

TRIBUNA: JAVIER ROVIRA

Evite el síndrome de Orfeo en la gestión de marca

JAVIER ROVIRA 08/06/2008

Muerta Eurídice por la mordedura de una serpiente, Orfeo bajó al mundo subterráneo a buscarla. Su pena convenció a la reina Perséfone que la liberó a cambio de que no mirase a Eurídice en el camino de vuelta. Pero Orfeo no pudo evitar mirar hacia atrás para comprobar que su amada seguía junto a él. Al mirar se desvaneció ante sus ojos y la perdió para siempre. Orfeo nunca se recuperó y vivió con ese sufrimiento el resto de sus días.

La mayoría de los empresarios y directivos de las empresas prestan bastante poca atención a la marca y a su gestión desde un punto de vista de generación de valor y diferenciación en el mercado. Después de 20 años de experiencia empresarial he visto cómo muchos directores generales y de departamento han tomado y toman decisiones especialmente cortoplacistas, que consideran aspectos financieros, logísticos, organizativos..., etc., olvidando lo esencial: ¿son adecuadas para la marca? ¿Qué problemas pueden causar en el largo plazo?

La ausencia de respuesta tiene consecuencias que suelen ser guerra de precios y reducción de márgenes, que lleva a buscar desesperadamente el volumen con un conjunto de promociones que al final hacen dudar si el cliente compra el producto por lo que es o por el último CD/DVD o bolso que lo acompaña y a políticas de austeridad que suelen resultar en recortes de presupuestos e inversiones necesarias. Claro, la consecuencia es un debilitamiento de la marca que lleva a nuevas decisiones (llámese más promociones, nuevas extensiones de línea o/y nuevos mercados) que agravan más la situación especialmente en mercados competitivos. Un círculo vicioso demasiado presente en el tejido empresarial.

En otras palabras, la marca está enferma y ni lo vemos, ni lo sabemos ver, ni sabemos cómo tratar la enfermedad. Eso sí... "mientras los resultados sigan saliendo"... en definitiva, pan para hoy, hambre para mañana.

Pero en estos mismos mercados hay marcas que permanecen en posiciones de liderazgo y rentabilidad envidiables y otras de más reciente creación que han tomado los puestos que otras antes tenían. Ocurre en todos los sectores: industrial (Carterpilar), consumo (Smoothie), servicios (Prêt a Manger), nuevas tecnologías (Apple); independientemente de que compitan en precio (Walmart) o en lujo (Louis Vuitton). Mires a donde mires encuentras estos ejemplos. ¿Qué hacen? ¿Tienen algún secreto mágico?

No todas las fórmulas pueden aplicarse de la misma manera en entornos diferentes, no obstante, presentan comportamientos comunes que se resumen en los siguientes puntos:

1. Mantienen un balance entre el corto y el largo plazo.
2. Permiten los errores.
3. Generan reputación y confianza.
4. Tienen claros y mantienen los elementos centrales.
5. Se diferencian claramente de la competencia.
6. Entienden que la marca es de la gente.
7. Trabajan permanentemente en reforzar su marca.

Por ello, si ha llegado al final de este artículo, quizá no quiera hacer como Orfeo y sacrificar el largo plazo por la satisfacción inmediata. Y quizá quiera convocar una reunión de dirección para iniciar una auditoria del estado de su marca (...su Eurídice) y evaluar cuál es su salud. Si está bien; excelente. Pero si tiene algún problema... mejor que lo sepa antes que después. Créame, sus accionistas se lo agradecerán.

(Ver también las tareas del capítulo de marcas)

- Convoque a su Comité de Dirección y ponga en marcha una auditoría de marca.

- Analice si está usted declinando adecuadamente los valores centrales de la misma en los distintos segmentos y mercados.

- Ponga en marcha un plan para apalancar su negocio en base a sus marcas.

- Elabore una declaración de marca (Brand Statement, si lo prefiere) si es posible antes de un año.

- Evite el síndrome de Orfeo y creáme: su negocio mejorará.

Capítulo 6

Si quiere saber de su negocio, menos moqueta y más asfalto

Resumen

Hemos perdido el sentido de lo que la buena investigación debe hacer: decirnos lo que no sabemos aunque nos cueste aceptarlo. Consumering® propone no sólo la investigación confirmativa actual sino una más ambiciosa y exploratoria que nos permita conocer aspectos de nuestros consumidores fuera de las necesidades, satisfacciones y comportamientos dentro del mercado donde hoy competimos. Desde esta perspectiva, la involucración del consumidor en el desarrollo de productos alternativos es fundamental y necesaria: sólo él/ella saben realmente lo que quieren, no lo olvidemos.

La investigación de mercado cambia por lo tanto y aumenta su rol como investigación confirmativa más que de desarrollo. En el marketing tradicional, la investigación busca las cosas comunes de lo que le gusta a los consumidores para lanzar una nueva idea que justamente refleje eso: lo común. Por ello las probabilidades de éxito son reducidas, porque por querer satisfacer a muchos al final podemos no satisfacer totalmente a nadie.

Dentro de este apartado, recuerde que la mejor investigación es la que realizan los expertos, y éstos sólo son de dos tipos: los consumidores y los proveedores de la empresa. Una de las compañías que más cree y que más investigación ha hecho y hace, Procter & Gamble, parece haberlo entendido bien y ha abierto un programa en el que todos pueden colaborar en la investigación y en el desarrollo de soluciones. Vayan a su página web (www.pg.com) y busquen este logo: "Connect + Develop", y verán cómo han cambiado las cosas en relativamente poco tiempo y cómo la investigación va por otros derroteros diferentes a los tradicionales.

Es el reflejo de la conexión en redes que se propone desde el Consumering®: la colaboración entre todos para desarrollar las soluciones y los productos que van a ir al mercado adicional a la utilización de la investigación para confirmar opciones o ejecuciones.

Pero para identificar la idea central (investigación de desarrollo o exploración) creo más en el tipo de investigación que, por ejemplo, propone Kevin Roberts en su libro "Lovemarks".

Roberts dice que en el mundo actual debemos *"subir montañas"* (tomar una visión más amplia de lo que ocurre ahí afuera, incluso fuera de lo que pasa en nuestro sector); *"ir a la selva, no al zoo"* (ir al mercado y salir de los despachos para ver físicamente y experimentar lo que nuestros consumidores hacen cuando compran) y *"pensar como un pez"*[1] (pensar cómo lo hace el consumidor para poder entenderlo) como la forma adecuada de entender a nuestro consumidor actual. No puedo estar más de acuerdo. En otras palabras: más asfalto y menos moqueta.

La presión por el día a día y la necesidad de confirmar que tenemos razón en lo que decimos o pensamos (o lo que dice o piensa la dirección) nos hace que estemos perdiendo el sentido de la investigación de mercado. Queremos bajar tan micro tan micro que nos estamos perdiendo la visión general de los mercados y de los consumidores. Y eso es malo. Porque éstos no sólo compran nuestros productos o los de la competencia, sino que hacen muchas más cosas que no entendemos o no nos interesan pero que determinan experiencias y expectativas que tarde o temprano acabarán llegando a nuestro mercado.

[1] Roberts, Kevin (2005): *Love Marks.* Power House Books.

- Pida y deje a su agencia de investigación que le propongan nuevas formas de investigación y de conocer a sus consumidores en lo que hacen... fuera de su mercado.

- Por encima de todo, póngase unos zapatos cómodos y salga al mercado: visite a sus consumidores, a los consumidores de sus clientes, e invierta no menos del 25% de su tiempo con sus consumidores.

- ¡Ah!, un consejo final: escuche lo que dicen aunque le parezca estúpido o inadecuado. Escuchar es gratis; negar la evidencia puede costarle dinero. Por eso, y aunque no se lo creía del todo, otorgue el beneficio de la duda cuando escuche algo que no necesariamente le cuadre. A lo mejor allí está la solución a sus problemas porque, como dijo Peter Drucker, *"lo que sabe todo el mundo generalmente es un error".*

- Al hacerlo, hágase un favor, llévese con usted a las personas que teóricamente no tienen nada que ver con el consumidor: su director de producción, su director financiero, el de recursos humanos, ... No es posible tener una compañía orientada al mercado si todos no entienden ni saben lo que es el mercado, los clientes y los consumidores. Créame, no hay mejor manera de alinear a la organización.

Yo elijo

Capítulo 7

Grados de libertad *vs.* productos cerrados

Ya hemos visto que en Consumering®, la gama y línea de producto que siempre nos habían contado desaparece y se convierte en algo aleatorio. Obviamente la recomendación de la empresa al consumidor final continúa pudiendo hacer tantas cuantas pre-configuraciones queramos para ayudar a decidir a nuestro consumidor si así lo requiere. Pero no debemos olvidar que la decisión final depende de este último. Se parte pues de un producto/servicio base al que se le anaden grados de libertad para que el consumidor se configure su solución final.

Los lanzamientos de productos quedan entonces reducidos a dos tipos: aquellos que introducen mejoras en el producto base, generalmente cambios tecnológicos más o menos significativos, y aquellos que introducen nuevas posibles "configuraciones" para atraer a más consumidores o para responder a las peticiones o sugerencias de los consumidores actuales.

Al hablar de los grados de libertad, debemos diferenciarlos entre los que se refieren a las funcionalidades principales, a las secundarias y a las estéticas.

Las primeras se refieren a las funcionalidades que satisfacen la necesidad básica que los consumidores quieren satisfacer al acceder a la categoría. En el caso de un detergente sería la limpieza.

Las secundarias tienen que ver con la necesidad pero tendrían menos importancia que las funcionales. Tendrían que ver con atributos relacionados (como por ejemplo el perfume del detergente, su impacto medioambiental...) o con el proceso de entrega del beneficio funcional básico (líquido, en polvo, en pastillas…).

Finalmente, las estéticas que representarían aspectos de estilo, formas, etc. (color del asa, del vaso, etc.). Como puede verse en este ejemplo, no necesariamente todos los elementos ofrecen las mismas posibilidades en diferentes categorías en un momento determinado, o no todas van a activar a nuestros consumidores.

Pero sí es importante que sepamos qué fuerza tiene cada una de ellas.

1. El número de grados de libertad en la funcionalidad principal atraerá más consumidores, ya que de otra manera nuestra marca sería considerada como un especialista. La tentación es la de ofrecer muchas funcionalidades principales. Tenga cuidado, muchas funcionalidades principales harían que su producto no se identificara con un punto de entrada o necesidad principal, cayendo por lo tanto en la falta de definición.
2. Las funcionalidades secundarias son las que realmente hacen que la marca aparezca como más o menos configurable y por lo tanto con más percepción de que puedes diseñar tu solución final.
3. Las estéticas cumplen la función de desarrollar la autoexpresión e identidad, ya que aquí el gusto personal es donde más se muestra a la hora de individualizar la solución.
4. Las dos últimas, juntas, son las que van a permitir el juego asociacional de los diferentes consumidores, ya que son las que finalmente se van a enseñar y compartir con cada colectivo.

La definición de estas categorías y de los grados de libertad dentro de ellas es la propuesta más firme y visible de la marca y necesita estar respaldada por un importante conjunto de decisiones estructurales, de tecnología, procesos y logística para poder entregar lo prometido sin fallos.

Ikea es un buen ejemplo para ver cómo diferentes funcionalidades pueden añadirse en sus departamentos. Si no quieres montar los muebles o llevarlos tú mismo, puedes pagar para que alguien lo haga por ti. La comida del restaurante también la puedes comprar por ingredientes en la tienda (los famosos perritos a 1 euro: hay un lineal donde te venden los perritos, la mostaza, el pan de perrito y la cebolla frita en un paquete para hacértelos iguales en tu casa) a un precio bajo. Ikea está lleno; sus restaurantes también.

- Revise el portafolio de productos y servicios y clasifique los atributos de los mismos siguiendo la clasificación que hemos hecho.

- Jerarquícelos y analice su peso y su adecuación a la diferenciación que promete en su marca.

- Mire a su competencia e identifique grados de libertad o funcionalidades que usted no tenga. Estudie la posibilidad de diseñar su oferta desde la configurabilidad por parte del consumidor de todo lo anterior.

- Piense en las funcionalidades que otros consumidores encuentran en otros "segmentos" (de acuerdo con su concepto tradicional) y analice si puede incorporar alguna de ellas a su oferta también como opción de configuración.

1789-1989

Capítulo 8

¿Quiere saber lo que va a ganar? ¿Sí? Entonces cámbiese a Consumering®

"Es de necios confundir valor y precio."
ANTONIO MACHADO

Resumen

El precio es el único elemento empresarial que genera flujos de caja positivos, el resto son salidas. De ahí su importancia, ya que en gran medida el margen empresarial depende de él. Bajo los parámetros actuales el precio final sigue un camino descendente: desde el precio de tarifa hasta el precio final en función de los descuentos que se den; descuentos que lo único que hacen es ajustar el valor teórico del producto/servicio al valor real que el mercado le da en un momento determinado, generando por lo tanto incertidumbre en el margen real final de la compañía.

Consumering® propone el camino inverso: de abajo hacia arriba fijando un precio muy competitivo de entrada con un margen cierto para que el consumidor construya al alza el precio final (y por lo tanto el margen) en base a las elecciones que realice en cada momento en la configuración de su producto o servicio final. Ambos (precio base y opciones) ofrecen márgenes positivos, siendo el de éstas últimas mucho mayor que el del primero. La ventaja es conocer el margen cierto de cada compra (el mínimo) y reducir la incertidumbre, ya que en cada opción elegida el margen será incremental.

Si partimos de la base de que el precio es el único elemento que genera ingresos, reconoceremos que estamos ante un tema de vital importancia en las empresas. En las escuelas de negocio se enseñan numerosas técnicas para determinar el precio de un producto en el mercado. La investigación también nos ayuda con diferentes estudios y formas de acercarnos a lo que el mercado puede querer pagar por un producto y servicio. No es necesario entrar en todos ellos, pero sí hay que decir que son útiles para entender la mentalidad con la que se tiene que abordar la determinación de los mismos.

No obstante, la realidad del mercado nos vuelve a enseñar que nuestros consumidores cada vez más buscan maneras diferentes de abordar el tema del precio de las cosas y de los servicios.

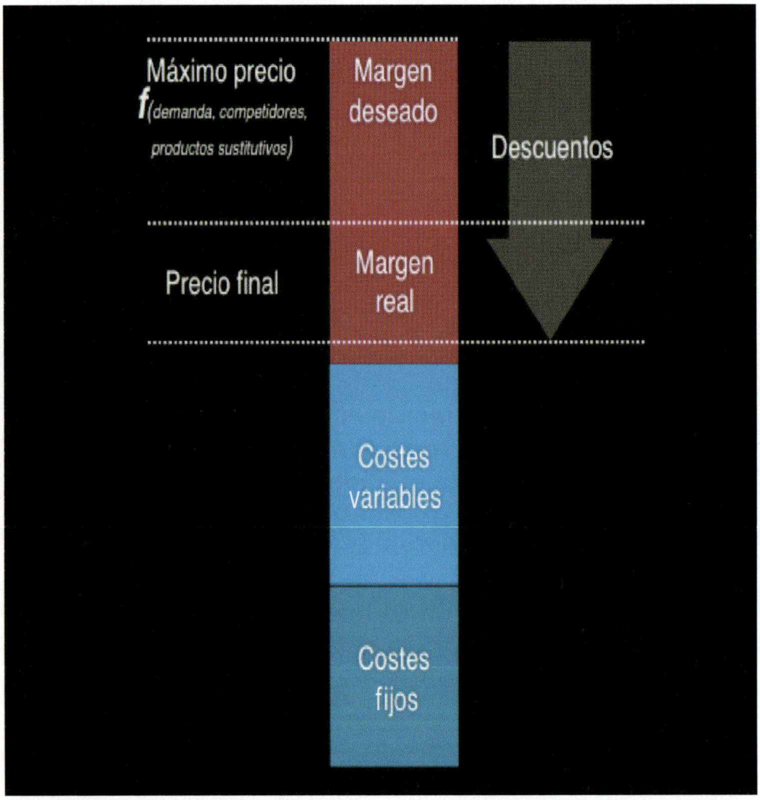

En el marketing tradicional se suele partir de los costes a los que se suma el mayor margen posible (generalmente como un porcentaje de los costes) y a partir de ahí empiezan los descuentos en función del volumen, de la época del año, en fin, de cualquier elemento o circunstancia que queramos considerar para ajustar lo que el mercado está dispuesto a pagar a lo que nosotros estamos ofreciendo y queremos ganar. Y en esa guerra nos movemos todos los días. A ello contribuye también la fuerza de ventas a la que generalmente pagamos por volumen, por lo que siempre piden más descuentos, ya que no hay mejor manera de vender más a corto plazo que reducir el precio para conseguirlo (*"dime por lo que me pagas y te diré en lo que trabajas"*).

Por eso los mensajes de *"el mercado está muy difícil"* y *"la competencia está rompiendo el mercado"* son tan comunes y aunque siempre tienen algo de cierto, puede que dichos mensajes no respondan a una situación coyuntural del mercado sino a una estructural, es decir, a que haya competidores que sencillamente presentan mejores estructuras de costes o una estrategia diferente y por lo tanto pueden competir más barato que nosotros. Pero nos pongamos como nos pongamos al final los mercados tienden a *comoditizarse* y a reducir precios y márgenes si no se producen innovaciones significativas y valoradas por los consumidores. Por ello, y para mantener márgenes, solemos tomar medidas en uno de los dos sentidos, si no en ambos: reducir costes fijos (generalmente en formación y marketing) y externalizar todo lo externalizable para *variabilizar* los costes.

Entendiendo que a veces hay que tomar medidas en el corto plazo, no hay que dejar de decir que estas soluciones se han convertido en el pan nuestro de cada día, y si bien pueden ser adecuadas como excepción, su generalización resulta en un debilitamiento de la empresa. Por un lado porque al reducir la formación y el marketing estamos dejando de desarrollar el talento necesario para mantener el negocio. Por el otro, porque la externalización de procesos conlleva el riesgo, si no se conoce bien cuál es la ventaja competitiva de la empresa, de dejar en manos de terceros los procesos que constituyen aquello que nos hizo tener éxito y que sirven para que nos diferencien y nos compren los consumidores.

Y, por supuesto, todo debidamente anunciado con grandes carteles de promoción y oferta para contribuir a la percepción de que nuestro producto es un producto barato, cosa que **no** es errónea si queremos competir como tal en el mercado. Pero si al final damos descuentos de más de 20% sobre nuestra tarifa, es que estamos intentando competir como productos caros y sencillamente el mercado no nos lo permite.

La defensa del volumen y rentabilidad en base a precio es por lo tanto realmente arriesgada y supone una decisión demasiado cortoplacista, con graves consecuencias en el largo plazo. Esa es la trampa de la determinación de precios finales en base a funcionalidades cerradas. Y es que debido a la tiranía de opciones que hay en el mercado, si comparamos los productos y lo que cumplen y hacen por nosotros, la diferencia es realmente escasa, por no decir nula.

La alternativa que Consumering® propone es bastante más práctica a efectos de determinación del precio y del margen, ya que el precio final, y por tanto el margen, se materializa de manera ascendente y no descendente. Y lo es por dos de sus principios fundamentales: primero, porque se basa en el desarrollo de una marca fuerte y conectada con sus consumidores y con la sociedad;

una marca de este tipo siempre admite un mayor sobreprecio que una que no lo es. Segundo, porque al dar el poder a los consumidores, son ellos los que determinan el precio que quieren pagar en función de la solución final que ellos se han dado y que es la que más se ajusta a sus necesidades en comparación a las soluciones finales que nosotros podemos ofrecerles; y por la teoría de los actos propios, no se cuestionarán el precio final de la misma porque son ellos/as los/as que lo han elegido.

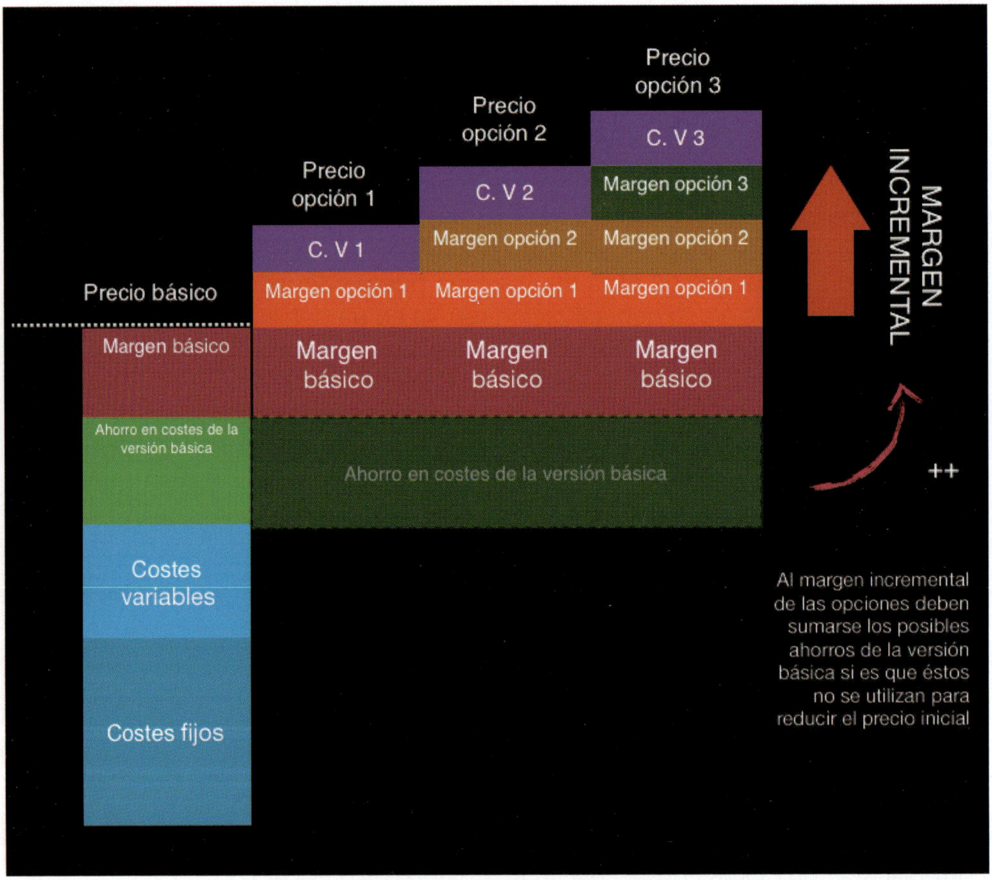

De esta manera, bajo los principios del Consumering® el precio final vendría determinado por el número de opciones elegidas por el consumidor. Pero la clave está en que el precio básico ya ofrece un margen posiblemente mayor que de la manera tradicional. ¿Por qué? Por que el precio básico es el del producto básico, es decir, el que cumple con la funcionalidad básica de acuerdo con el posicionamiento estratégico de la marca en cuestión. De esta manera podemos ahorrar una serie de costes, generalmente asociados a funcionalidades o beneficios secundarios, que ahora debemos ofrecer para poder realizar más margen y que no necesariamente son siempre valorados por los consumidores[1]. Al trasladar dichos ahorros al precio básico, hacemos nuestra propuesta básica más atractiva.

Si sólo nos compran el producto, habremos realizado dicho margen (el básico); pero si los consumidores eligen esos servicios o funcionalidades adicionales, es cuando haremos más margen proporcionalmente, ya que al ser el consumidor el que elige, la configuración final cuestionará menos el precio que si somos nosotros los que le damos el precio cerrado en base a unas funcionalidades que no necesariamente necesita ni valora. Es decir, los consumidores son conscientes de que si eligen algo adicional tendrán que pagarlo.

Una consecuencia inmediata de esto es que los descuentos desaparecen o quedan relegados a descuentos por volumen, si es que son necesarios. Y nada más. Adicionalmente, al ser opciones "modulares" (es decir, que pueden añadirse al básico), siempre podemos realizar promociones de "regalo de opciones" sin tener que tocar la configuración final del producto base.

Tomemos como ejemplo la nueva forma de configuración de Apple on line. En ella, además de la configuración estándar, podemos elegir más memoria, disco duro, accesorios, conectores, etc., para configurar el ordenador como nosotros queramos.

De manera similar, Dell ofrece la posibilidad de elegir un ordenador bien en configuración directa, bien en función de un conjunto de elecciones que deben tomarse durante el proceso de compra.

Un café en Starbucks varía desde 1,9 € el café con leche hasta los 5 € si lo tomamos con toppings. Y, por supuesto, los componentes adicionales cuestan bastante menos de 3,1 € (la diferencia entre los dos precios).

Pero el tema de los precios no termina aquí. Es tan importante la elección de precios por parte del consumidor final que cada vez más proliferan los sitios donde el precio se determina por el acuerdo puntual entre el consumidor y el vendedor. Ebay es el caso paradigmático de intercambio en base al precio que se quiera pagar en cada momento. Emarket es otro ejemplo similar. Si quiere verlo en el mercado financiero, entre en Zopa.com y verá un sitio donde los préstamos se toman entre particulares que pueden aceptar o no el interés ofertado por cualquiera de ambas partes. Es el precio en estado puro.

Y, desde luego, para aquellos que creen que compran cosas sin que hagan falta, siempre les queda Freecycle Network, donde más de seis millones de miembros en más de 4.600 grupos se intercambian cosas usadas (gratis, claro está) entre ellos con el fin de reciclar cuantas más cosas mejor.

[1] Son los llamados beneficios secundarios o servicios adicionales mencionados en los manuales tradicionales de marketing.

Desde luego que los más originales de todos los estudiados probablemente sean los restaurantes de no-precio donde después de comer sencillamente te piden que pagues la cantidad de dinero que creas que vale la comida que has tomado. Interesante, ¿verdad? No hay precio, sólo el valor de la satisfacción de la comida y el servicio. De momento no han cerrado y están llenos. Pampa Picante en Argentina, los Winereiss alemanes, Der Wiener Deewar en Viena, lentils as Anything en Melbourne o One World Café en Salt Lake City (EE.UU. de América) son algunos ejemplos.

El mensaje parece claro: nuestros consumidores quieren determinar el precio, quieren estar seguros de que aquello por lo que pagan es justo de acuerdo con SU criterio soberano. Y además se están acostumbrando a ello. No creen más en nosotros porque les hemos confundido y engañado durante mucho tiempo y porque ahora ellos/as están a cargo del proceso de compra. Por eso ¿para qué luchar contra los elementos? Es cierto que esto no puede hacerse sin que haya la posibilidad de configurabilidad. Pero ya se lo aviso: Consumering® es una manera de actuar y competir en el mercado y como tal debe ser completa, porque a lo que el consumidor no está dispuesto es a que le engañen. Y cuando de dinero se trata la desconfianza es mayor, mucho mayor.

- La sugerencia de este capítulo: revise con el departamento financiero la evolución del precio neto y descuento promedio de los últimos años de sus productos o servicios.

- Haga un ejercicio de construir diferentes configuraciones y vea el margen que haría con cada una de ellas, individual e incrementalmente.

Compruebe si el primero se reduce y el último incrementa. Si es así, sea consciente de que tiene un serio problema estructural que está minando y minará aún más la rentabilidad de su empresa y que debe ponerle solución, y cuanto antes mejor.

- Estudie una posible estrategia de precios de "abajo hacia arriba" analizando cuidadosamente el margen bruto de cada elemento y cuestionando qué estructura fija mínima necesitaría para producir la versión básica de su producto o servicio.

Promoción
No promoción
Promoción
No promoción

Capítulo 9

Promoción. ¿Promoción? ¿Seguro?

Resumen

La estrategia y plan promocional en Consumering® también son distintos a los del marketing tradicional. Bajo este último, las promociones se convierten en ofertas de precio para garantizar el volumen a corto plazo.

En Consumering® las promociones en precio ni son frecuentes ni son necesarias porque se parte de un precio base competitivo (según categoría) que no requiere, por tanto, reducción continuada. La promoción varía su sentido y se orienta a lo que siempre debería ser: atraer, retener o recuperar consumidores para que su número sea lo más amplio y estable posible.

Así que, si quería promoción, aquí la puede tener en estado puro. No, no la promoción de precios, sino la auténtica. Y es que siempre nos explican que la promoción es una herramienta para generar ventas. Y no debería ser así. Realmente el incremento de ventas es una consecuencia de alterar la ecuación de valor de la marca o de un producto en un momento determinado.

Cuando se altera la ecuación de valor (bien dando algo adicional, bien reduciendo los costes) lo normal, si se hace bien, es conseguir que más consumidores se sumen a nuestra propuesta, al menos temporalmente, generando con ello mas ventas. El resultado suele ser el típico gráfico de ventas en dientes de sierra que podemos ver en el siguiente gráfico. La diferencia fundamental con un buen plan promocional es que en este caso (segundo gráfico), el resultado final no sólo es el incremento puntual de las ventas, sino el aumento de la base de consumidores habituales de la marca haciendo que, tanto volumen como rentabilidad, sean más estables, o incrementarlas en el mejor de los casos. Claro, hacer estos planes requiere fondos y si los gasto en reducción de precios…, ¡mal asunto!

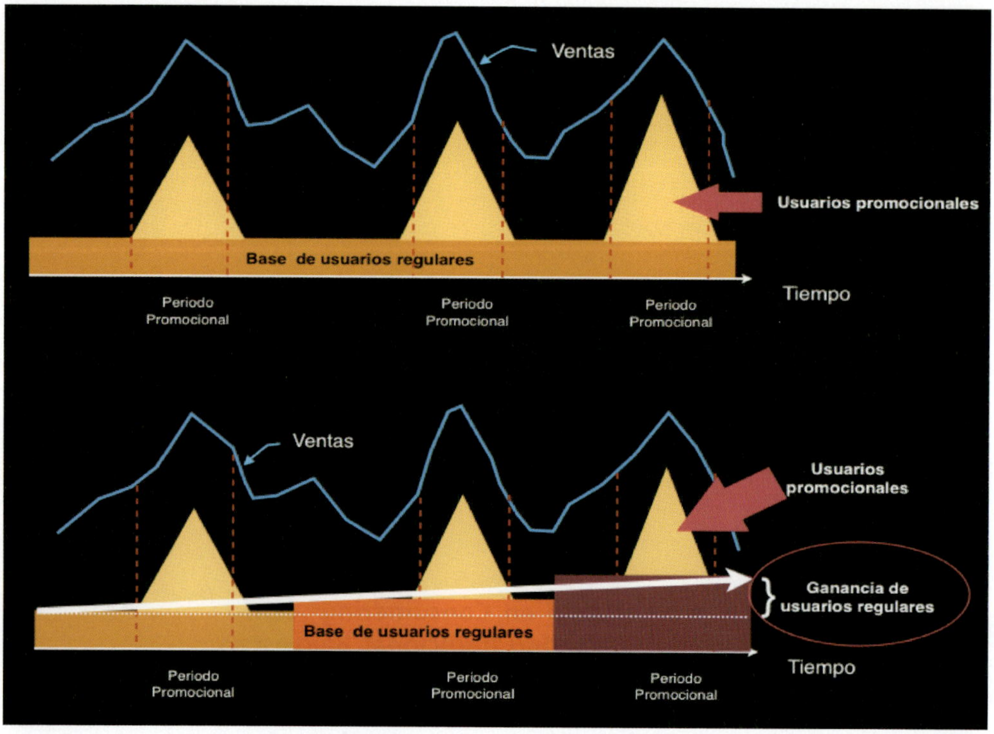

En Consumering® la promoción en precio no es imprescindible, ya que al establecer que el precio debe ser competitivo, los descuentos no son necesarios. Pero lo que sí es necesario es la promoción para establecer, mantener y/o recuperar la relación con los consumidores. Porque si compra el producto base, ya lo hace a un buen precio (insistimos que siempre de acuerdo con el posicionamiento de la marca), y si configura una solución más completa, el consumidor es consciente de que el precio será mayor.

Por todo ello, bajo la propuesta del Consumering® podemos aplicar nuestro presupuesto promocional o la no-caída-de-margen a actividades que establezcan esa relación que mencionábamos y que sólo puede ser una de las tres siguientes: a) iniciar una primera relación (estrategia de prueba); b) mantener una relación ya existente (estrategia de continuidad), y c) reestablecer una relación perdida (estrategia de recuperación). Los mecanismos para hacerlo serán diferentes en cada caso y no es objeto de esta sección desarrollarlos, pero lo que está claro es que la recurrencia al precio y a la promoción de precio como casi única alternativa puede terminar bajo la propuesta del Consumering® para rescatar la esencia de lo que un buen plan promocional debe ser.

¿Significa esto que las promociones en precio han muerto? No. Ni mucho menos. Las promociones en precio continuarán y deben continuar porque es una manera de regular nuestro volumen a corto plazo si es necesario, o de atraer a personas a nuestra propuesta, especialmente cuando el producto no es *customizable*. Lo que sí nos permite el Consumering® es racionalizar dichas promociones y utilizarlas para lo que realmente deben servir: establecer esa relación.

Si entramos en la pagina web de P&G, por ejemplo, veremos cómo ellos promocionan sus productos con descuentos bajo el requisito de una compra continuada o de un cierto volumen, o bien ofrecen muestras de productos a aquellos que rellenen sus datos dentro de su página web, con lo que pueden establecer una relación directa y cierta con ellos para conocer después el grado de satisfacción o de recompra.

En otros productos convierten la promoción en un tema o juego que requiere continuidad en dicha relación por parte del consumidor, con lo que la involucración es todavía mayor.

Innocent Smoothie utiliza su página web para informar sobre dónde se encuentran sus mejores precios; eso sí, justo al lado de su información de por qué es más barato comprar Inoccentt Smothie en lugar de hacerse el zumo en casa como argumento de captación de los más reticentes, así como forma de premiar y reafirmar en su elección tanto a fieles como a nuevos consumidores.

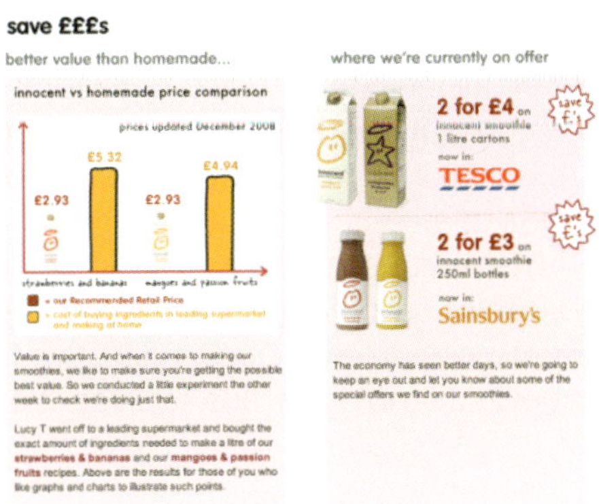

Kimberly Clark ofrece promociones en todas su líneas así como consejos, etc., para conseguir esa continuidad en la relación que de otra manera no podría establecerse por la lejanía que supone la utilización de un canal de distribución ajeno.

Las empresas que están realizando este tipo de actividades son numerosas y en diferentes categorías de productos. Y el propósito es el mismo: conseguir que la relación con el consumidor final se tenga a través de canales que domine la empresa en lugar de hacerlo a través de canales de terceros o de ningún canal, que es lo que ocurre actualmente.

Muchas empresas hacen sus promociones para hacer que el canal les apoye y les compre cantidad de producto que quizá de otra manera no adquirirían por su falta de rotación. Esto es un claro síntoma de que la marca es débil o/y que el producto no es valorado en la medida que la empresa cree. Por eso necesitan la promoción casi continua. Si su estrategia empresarial es la de productor de bajo coste o de competitividad en base a precios, entonces su actuación sería coherente y su propuesta una manera de comunicar dicho posicionamiento. Pero lamentablemente, en la mayoría de los casos esto no es así, sino más bien una manera de sacar volumen adelante de la manera que sea.

Hay que aludir en este apartado el aumento de las llamadas tarjetas de fidelización como alternativa promocional de muchas empresas y marcas. Estos planes son útiles siempre y cuando sirvan para conocer comportamientos del consumidor y mejorar nuestra oferta para su satisfacción. Pero muchas de ellas se han convertido en una manera de premiar la compra continuada en el tiempo o de ofrecer descuentos encubiertos.

No se trata de entrar en la crítica (positiva o/y negativa) de estos planes porque cumplen con su finalidad. Pero hay que avisar que la fidelidad es algo que yo te doy a ti por lo que tú eres, no por lo que tú me das. Es decir, que lo fundamental es que la promesa que hacemos al consumidor la cumplamos y que sea suficientemente significativa como para atraer a aquellos que les gusta. Un mejor producto y servicio y un mayor grado de vinculación eficaz con el consumidor son mejores que cualquier regalo por acumulación de puntos. Si además el consumidor siente que su fidelidad tiene algún premio, mejor que mejor. Pero lo que no podemos hacer es sustituir una cosa por la otra.

Consumering® propone justamente esto: dejar que el consumidor determine su propuesta, elija su precio y, si es posible, su recompensa, siempre bajo la perspectiva de la relación directa con la marca en cuestión. Las nuevas tecnologías nos facilitan esta tarea.

- ¿Desde cuándo no revisa los objetivos y estrategias de su plan promocional?
- ¿Qué grado de conocimiento tiene de su base de consumidores, especialmente de los que le compran en promoción?
- ¿Qué porcentaje de volumen vende usted sin descuento?
- En euros totales: ¿cuánto dinero ha puesto usted en promoción o descuentos en el mercado en los últimos tres años?
- ¿Hasta qué punto depende de su canal de distribución?

Capítulo 10

Si quiere dominar su estrategia, tenga su propia distribución

Resumen

En el mundo actual la distribución del producto ha pasado a ser un elemento estratégico de primera magnitud, especialmente debido al desarrollo de las tecnologías y el abaratamiento de la logística. A este factor hemos de sumarle la competencia entre las diferentes cadenas de distribución, casi todas bajo el mismo modelo, con sus excepciones, por supuesto.

En un mundo en el que el poder ha cambiado hacia el consumidor, la distribución debe dirigir sus esfuerzos a mantener e incrementar sus bases de consumidores con estrategias generalmente contrarias a las de los fabricantes.

En Consumering® el principio es básico: la relación con el consumidor es un elemento estratégico de primera magnitud y clave del éxito, que no debe romperse dejando que un tercero la controle. Por lo tanto, la distribución debe ser propia, y sólo cuando esto sea imposible lo haremos por medio de terceros, asegurándonos en este caso que nuestra marca es fuerte, muy fuerte.

Conviene comenzar el apartado de la distribución dejando las cosas claras para que no haya lugar a dudas. Se harán después tantas excepciones como sean necesarias, pero el axioma es el que es. Todo lo que sea dejar en manos de terceros la relación con el consumidor final es ponerse trabas en el camino. No lo dude. Si todo el trabajo que ha realizado termina pasando por las manos de un tercero, éste va a querer decir unas cuantas cosas al respecto porque tiene su estrategia. Y si su propuesta no se ajusta a la suya, el que se aguanta es usted.

Bien lo entienden quienes pasan por la llamada distribución moderna, las empresas que gastan más tiempo y recursos con sus clientes que con el consumidor final, y específicamente quienes no tienen una marca fuerte que sea demandada por los consumidores allá donde vayan, como pueden ser Coca-Cola, Häagen-Dazs, etc., es decir, el 90% de las marcas que encontramos en un hipermercado.

La trampa está ahí, en la posibilidad de un volumen fácil si se es competitivo. Siempre sucede así. Da igual que lo llamen hipermercado, mayorista de viajes, distribuidor de productos de construcción, intermediario, prescriptor, etc.; al final, si no tenemos un "productazo" o una "marcaza" (permitan estas expresiones), estamos en sus manos.

En Consumering®, el principio es el mismo: los sistemas de distribución deben ofrecer también la posibilidad de que los consumidores elijan la forma de acceso al producto o servicio. Y es que esto es lo que quieren.

Por lo menos si nos atenemos a los datos. Un primer dato sobre las formas de distribución es que el consumidor se acostumbra cada vez más al comercio electrónico, que en el caso de España (uno de los menos desarrollados de la UE) ya presenta crecimientos muy relevantes y cifras de negocio que superan los 5.000 millones de euros.

Pero es que nuestro consumidor se informa de sus compras también por internet antes de salir a la calle a realizarlas en tiendas físicas. Un 41% de los no compradores por internet lo hace; un 81% de los compradores, también. Los consumidores consideran que la mejor estructura de distribución es la que tiene ambas formas de compra y distribución: una tienda que vende por internet y que disponga de establecimiento físico es la fórmula preferida. Es interesante seguir comprobando que los directivos más escépticos hacia esta realidad son los primeros en declarar que reservan sus vacaciones o su entradas, o que hacen la compra, o que gestionan papeles con la Administración o sus cuentas corrientes a través de este canal. Una vez más, todos nos comportamos según los principios de Consumering®, pero luego no vemos cómo aplicarlo a nuestro negocio.

Nuestros consumidores saben buscar, y cada vez perciben mejor que las nuevas formas de distribución ofrecen mejores alternativas para sus compras: Amazon es una prueba de ello y en mitad de la crisis económica y financiera de las Navidades de 2008 ha batido todos sus récords de ventas y entregas. Pero es que sectores enteros han cambiado el modelo de negocio debido a la nueva distribución: entradas de cine y de teatro, viajes, la música, y ahora la radio, etc., cambian completamente su estructura porque hay maneras más eficientes de distribución desde el punto de vista del consumidor.

Este movimiento comienza a llegar con fuerza a compañías que comercializan productos físicos y que sólo sirven por internet. Las ventas de naranjas, marisco o carne por internet saltándose los canales de distribución tradicionales, comienzan a proliferar y lo hacen con un buen producto, un buen servicio y un boca oreja espectacular (por algo será).

Definitivamente, las cosas están cambiando en la distribución porque los clientes quieren que cambien. Su deseo de control sobre su proceso de compra abarca también el modo como quieren que sus productos les sean entregados. Por eso saben, por ejemplo, que hay productos que pueden comprar en USA y traerlos a España aprovechando el cambio euro-dólar.

Para dar respuesta a esta demanda de flexibilidad, a las empresas no les queda más remedio que establecer sistemas logísticos más eficientes y eficaces que puedan amoldarse a estas peticiones.

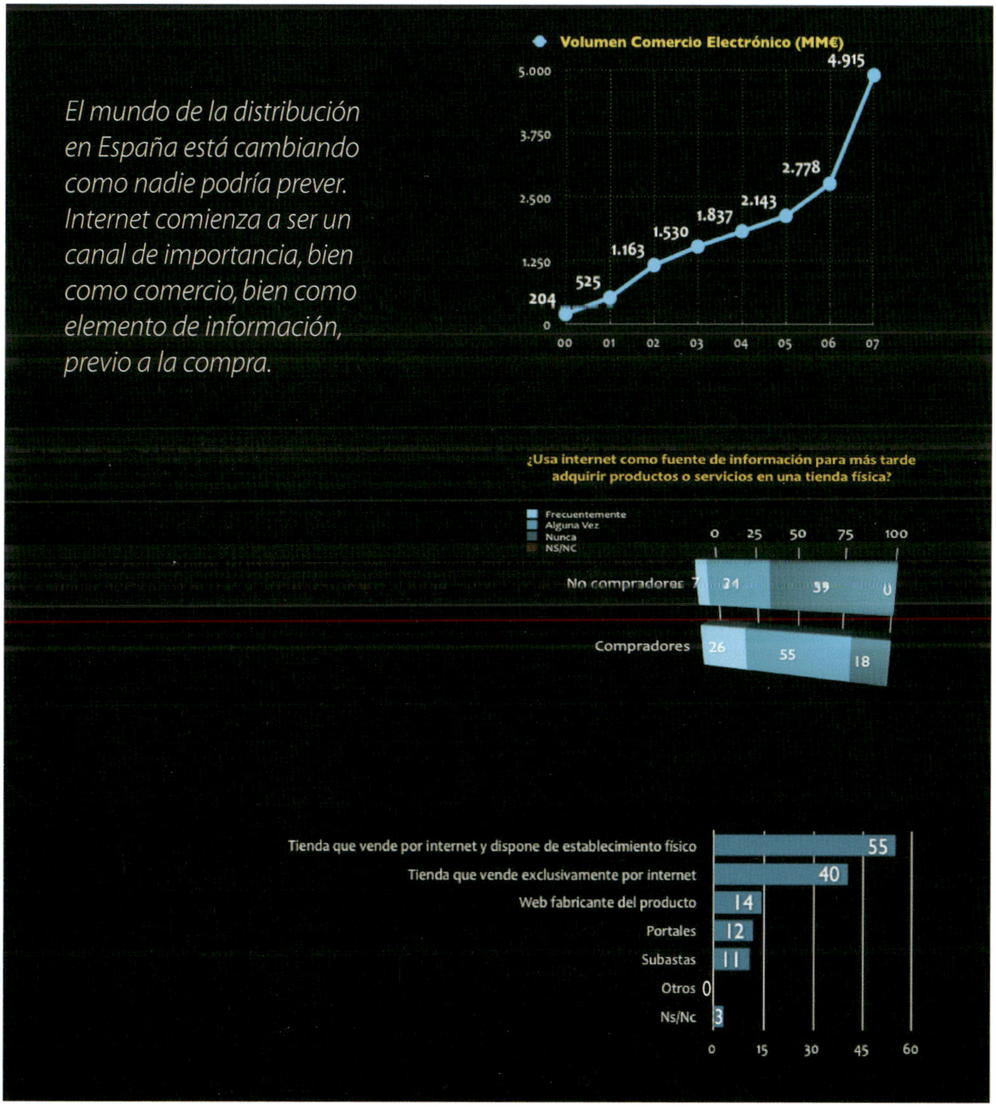

Pero el desafío logístico no sólo está ahí. Como ya hemos mencionado anteriormente, crece la demanda de servicios que se realicen donde se encuentre el cliente: los servicios en casa o venir a recoger y a llevar el coche cuando quieres repararlo comienzan a ser habituales. Todo para que el consumidor se sienta mejor y nos elija.

Y hablando de distribución, de *la* distribución, no queda más remedio que hablar de esos puntos de venta que tantas oportunidades tienen. La llamada gran distribución deberá pensar cómo aplicar estos principios a su propio negocio, porque la temporada de jugar con la rentabilidad financiera de una tesorería exuberante a unos intereses altos y los plazos de pago, ya pasó hace muchos años.

Los category killers han empezado a matar a las grandes superficies por debajo y el modelo Mercadona lo está haciendo con una propuesta sumamente diferente, basada en los principios del Consumering® y exitosa por el momento. Los pequeños comercios a su vez, tienen la gran ventaja de la proximidad, y la aplicación de las nuevas tecnologías representa para ellos una oportunidad de oro si saben explotar la confianza de la cara amiga con la facilidad que las nuevas tecnologías le van a dar, y también si saben capitalizar con las nuevas tendencias y comportamientos de los consumidores.

Y si no, dense una vuelta por el grupo Plusfrésc y miren lo que ofrecen, especialmente en el caso del supermercado Sunka, un modelo que verán cómo evoluciona y se implanta en muchos otros sitios. O si lo quieren más internacional, pueden ver Dean & Deluca, incluidos sus vídeos en You Tube, para experimentar una propuesta diferente.

También podemos observar lo que está pasando con el buque insignia de la distribución en España, El Corte Inglés. Visitemos su centro estrella en el Paseo de la Castellana en Madrid y veremos la profunda transformación que ha sufrido en general, especialmente en su primera planta. Y es que, además de los problemas estratégicos que pueda tener el negocio del triángulo verde, los consumidores queremos más marcas y más lugares donde elegir.

Y si quieren ver algo relacionado con el mundo industrial, estudien el caso de Carterpilar, un ejemplo de cómo estar presente cerca de sus clientes, especialmente en el caso de que se le estropee la maquinaria, que es lo crítico en este negocio.

Los ejemplos y modelos están ahí, esperando a que usted los conozca y se atreva a experimentar con ellos. La experiencia de un buen shopping es inigualable para muchos consumidores. Sólo esperan que alguien les estimule para que ellos puedan comprar, prescribir y volver. Pero recuerde que, si no es dueño de su distribución o no tiene un gran producto o una gran marca, su posición será débil y necesitará un replanteamiento estratégico. Siga por lo tanto los principios del Consumering® y cambie su estrategia de

- ¿De quién depende más?

- Si utiliza distribución ajena, ¿cómo de fuerte es su marca?

- ¿Qué posibilidades tiene de tener su propia distribución?

- ¿Cómo puede utilizar las nuevas tecnologías para generar/reforzar su canal propio de distribución y reducir la dependencia de terceros?

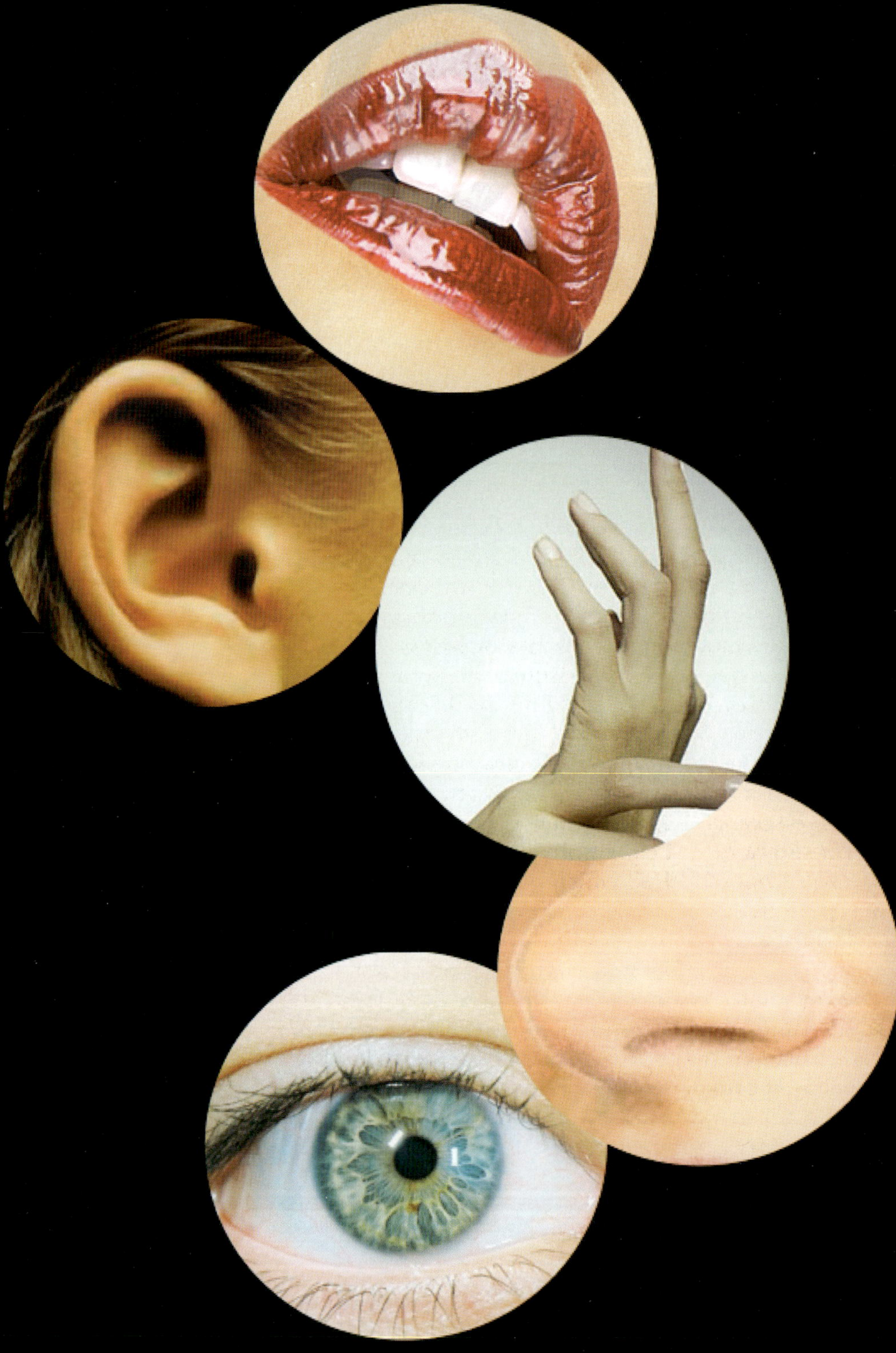

Capítulo 11

Luego no diga que no se lo han dicho: todo, absolutamente todo, comunica

Resumen

La esencia de cualquier marca, y por lo tanto de cualquier negocio, es transmitir su concepto y funcionalidad mediante el mejor conjunto posible de estímulos para que nuestro consumidor pronuncie las dos palabras mágicas: *"Lo quiero!".*

Mientras que en el marketing tradicional se fiaba todo a una comunicación bidimensional (oído-vista) de un mensaje comercial, Consumering® entiende que todo, absolutamente todo comunica y por ello diseña procesos y sistemas de comunicación sensoriales (cinco sentidos) con mensajes claros, diferenciales, coordinados y coherentes. Al hacerlo se considera que el consumidor puede querer un mensaje cerrado o hacerlo él/ella mismo/a en las redes sociales a las que pertenezca.

Una gestión de Consumering® debe afrontar todos estos aspectos y desarrollar un plan de comunicación holístico no sólo para sus consumidores, sino para toda la sociedad. En este sentido, es recomendable invertir más en los momentos en los que los consumidores entran en contacto con el sistema de operaciones en lugar de en publicidad convencional para asegurarnos de que la experiencia es positiva desde el primer momento.

Realmente, si algo ha cambiado en los últimos tiempos, ha sido la comunicación. Estamos todo el día conectados a cualquier dispositivo que se nos acerque. Y no sólo han cambiado los medios, sino fundamentalmente los códigos y nuestra relación con los mismos.

Hemos pasado de querer tener más canales de televisión a fundamentar nuestra comunicación en la red y en la telefonía móvil.

Como vimos en los capítulos de tendencias, la intercomunicación forma parte de nuestras vidas; y no sólo la ofrecemos, sino que la demandamos de los demás. Una de las cosas más sorprendentes es comprobar cómo nuestros jóvenes pasan más tiempo mirando la pantalla del ordenador que la de la televisión. Gastan el tiempo con el grupo, con sus amigos, etc., más que viendo la famosa caja tonta, a la que tanta importancia dábamos hace apenas unos años.

El neotribalismo, nuestro deseo de vivir intensamente, de estar en varios sitios a la vez, nos lleva a estar permanentemente comunicados. Hasta los videojuegos han evolucionado en este aspecto: ahora lo divertido es jugar en red con otros jugadores que, evidentemente, ni conocemos ni sabemos dónde están.

Buscamos información sobre todos los aspectos de nuestra vida. Cualquier diagnóstico o síntoma es inmediatamente contrastado en internet. Pero lo que para unos es simplemente la mayor biblioteca del mundo y de la historia (es decir, para los que tienen más de 30 años), para el resto se ha convertido en su forma de comunicación y de socialización. Son miles de millones las personas conectadas a lo largo del día que no sólo trabajan, sino que gastan su tiempo libre en este nuevo e inagotable canal de alternativas.

En estas circunstancias, los consumidores pueden encontrar información sobre nuestros productos no sólo en nuestra web sino en foros, blogs, portales, etc. Antes de que nosotros lleguemos a saberlo, podemos encontrarnos con noticias que vuelan por la red entre millones de personas. Si queremos, podemos estar informados a lo largo del día de cualquier tema que pueda interesarnos. Una vez más, el consumidor decide si quiere o no recibir estímulos publicitarios y cómo y dónde recibirlos.

Tivo ofrece la posibilidad de programar los espacios que queremos ver y cómo y cuándo verlos. You Tube se ha convertido en un icono de comunicación audiovisual donde encontramos casi todo lo que busquemos a la distancia de un click.

Si quiere ver películas sin cortes ni interrupciones, puede ir a cinetube, divxonline o a seriesyonkies y elegir la que le apetezca en cada momento, por no hablar del alquiler de películas de itunes que puede ver tranquilamente usando su Apple Tv.

La prensa se lee cada vez más en internet porque las noticias se ofrecen más rápidamente que si esperamos a la edición escrita del día siguiente. La música en la radio sigue el mismo camino que otros medios y ahora puede elegir horas de música en itunes, o si prefiere algo más especializado, descargarse lastfm o nextunes nexus y escuchar a los artistas preferidos de las bibliotecas de otros usuarios. Los RSS le mantienen informado en cualquier momento de las noticias más relevantes. Y no hace falta un ordenador. Basta con un teléfono 3G para acceder a esa información dondequiera que estés.

Hasta el propio Vaticano ha abierto un canal de televisión en You Tube para acceder a los sitios donde hoy estamos todos.

Todo es más fácil, más asequible, más próximo. Y de hecho es el propio consumidor el que puede hacer publicidad de un producto o servicio no sólo al prescribirlo, sino al enviarte un link o una invitación para que te sumes a su comunidad o para que vayas a una tienda. No hace mucho recibí la invitación de un buen amigo para que me sumara al club al cual él ya pertenecía.

Esta potencia de las comunidades de usuarios ha llevado a Telefónica España a iniciar una nueva experiencia con su comunidad Keteké, una aventura cuyos resultados se desconocen todavía.

Las vías y caminos que eligen los consumidores son diferentes y están ya aburridos de tanta publicidad convencional y de tantos contenidos televisivos tradicionales. El estudio realizado por Kotler en Estados Unidos muestra hasta qué punto esto es así.

Según Kotler, una persona, en los Estados Unidos, está sometida a entre 3.000 y 5.000 impactos publicitarios al día, con lo que la gente está completamente saturada.

- El 60% de las personas entrevistadas en el estudio comentado por Kotler, odia la publicidad y el marketing.
- El 70% de la gente cambia de canal o abandona el televisor durante las pausas publicitarias.
- El 60% de la gente desea que se limite la publicidad en general.
- Un 14% de la gente desea que se prohíba la publicidad.
- Un 41% de la gente estaría dispuesta a pagar para que en las emisoras de televisión no se emitiese publicidad.
- Un 70% estaría dispuesta a comprar un producto que les ayude a eliminar la publicidad de sus pantallas.

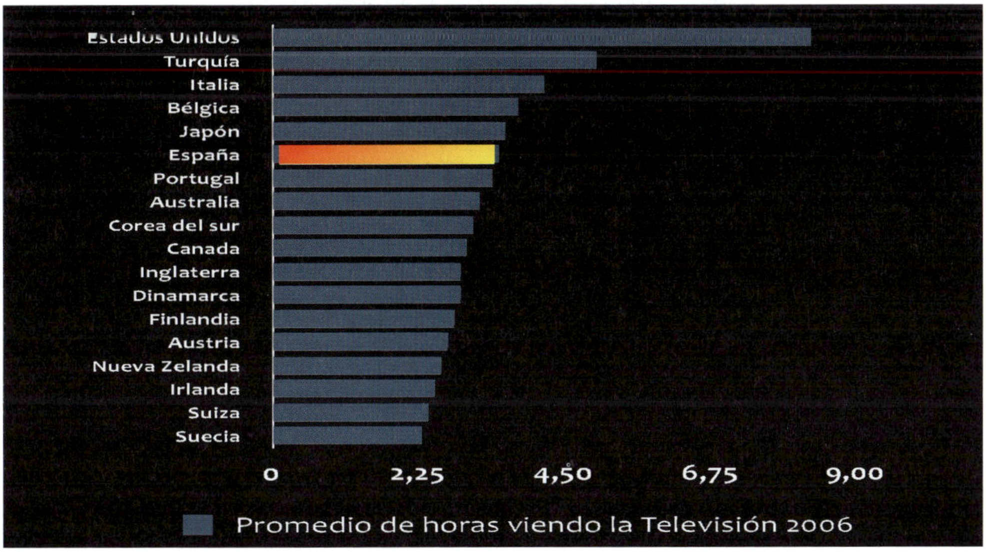

Muchas empresas ya lo han entendido y han comenzado a invertir en comunicación en esas comunidades virtuales. El caso de Second Life es paradigmático y muestra cómo empresas como General Motors o McDonalds no sólo invierten en publicidad, sino que además hacen investigación y publicidad de prototipos o nuevos productos en dichas comunidades para saber el posible éxito de las mismas antes de sacarlas al mercado real. La propia Google es un ejemplo de hasta qué punto las elecciones de los consumidores pueden tener impacto en el resultado de nuestras empresas con su famoso algoritmo.

Pero esto no es todo. En un mundo que se caracteriza por vivir intensamente y donde los sentidos juegan un papel más y más importante, las empresas seguimos sin interiorizar que todos los estímulos cuentan, todos. Desde cómo descolgamos el teléfono hasta cómo visten los vendedores, pasando por nuestras facturas, la navegabilidad de nuestra web o por nuestros embalajes, todo contribuye a generar actitudes hacia nuestro producto o servicio, que se trasladarán, o no, en compra de los mismos. Y claro, cuando en una sesión de comunicación se habla a los asistentes de la paleta de olores o sabores de su marca, o de los sonidos, etc., se quedan muy sorprendidos pensando que la comunicación se circunscribe a cómo hacer anuncios en prensa o folletos y hojas propagandísticas. ¡Qué error! La comunicación hoy en día abarca todos esos aspectos y muchos más, porque cualquier estímulo desagradable puede convertirse en un boomerang en cuestión de horas a través de la red.

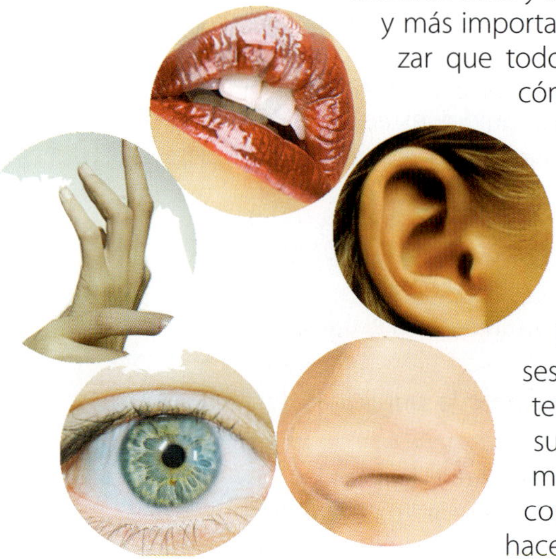

En Consumering® todo esto cuenta. Cada detalle, cada estímulo es fundamental en la interrelación con el consumidor final. En el diseño de la arquitectura de marca (ver capítulo 13) veremos cómo esos elementos tienen tanta importancia como la funcionalidad del producto. En este sentido conviene recordar lo ilustrativo que resultó el libro que en 1987 escribió Jan Carlzon[1] en el que nos habla sobre su experiencia como CEO de Scandinavian Airlines (SAS) y la importancia que dio a cada momento en que un consumidor entra en contacto con el sistema de operaciones de una aerolínea. Describe cómo centró sus esfuerzos en que cada uno de esos momentos fuera una experiencia agradable como estrategia fundamental para darle la vuelta (como lo hizo) a su negocio.

[1] Carlzon, Jan (1987): *Moments of Truth.* Ed. Ballinger Publishing Company.

En Consumering® hay tres vectores fundamentales en comunicación: los estímulos (todos) a los que tiene acceso el consumidor, las interrelaciones con el sistema de operaciones y la capacidad que demos a nuestros consumidores de elegir, diseñar y emitir mensajes relacionados con nuestra marca o/y empresa.

En cuanto a los **estímulos**, es importante entender cuál es el proceso de compra de los consumidores y determinar todos los instantes del mismo para poder definir el mejor estímulo posible en cada uno de ellos. Los estímulos van a ser de tres tipos: intelectuales, relacionales y emocionales. Y todos ellos al mismo tiempo sensoriales, por lo que el diseño de los mismos no es tarea fácil y suele necesitar dos cosas fundamentales: los protocolos de actuación y, en su caso, la formación del personal para que puedan interactuar de manera independiente en cada situación.

Las **interrelaciones** con el sistema de operaciones abarcan cada momento en que el consumidor accede a nuestra marca. Desde su entrada a nuestra página web hasta el uso del producto o servicios, pasando por nuestros vendedores y el servicio postventa, si fuera necesario. Todos los momentos. Por descontado que si su negocio es un servicio, está en manos de sus empleados, pero también de sus propias decisiones.

¿Cuántos clientes tienen problemas con servicios y/o productos y no se quejan de ello? ¿Sabe cuál es el número de insatisfechos que no se quejan o que si se quejan son mal atendidos? Porque estas personas acabarán hablando de lo que les ha pasado, y si una experiencia es más importante que mil palabras, se transmitirá irremisiblemente. ¿Cuánto tiempo hace que no pide los informes de quejas de sus consumidores? Cuando los ve, ¿les llama por teléfono personalmente para escucharles o delega en un tercer o cuarto nivel para no tener que atenderles?

Es interesante ver el sentido de prioridad y de "time management" de nuestros directivos, directores generales, etc., cuando dicen que no tienen tiempo de escuchar a sus clientes, especialmente los que se han quejado. Una vez más, nos gusta demasiado la moqueta y muy poco el barro, que, les recuerdo, es donde nuestro consumidor (el que paga nuestro sueldo) habita.

Hace apenas unos días realicé una llamada a la marca Lexus, al departamento de atención al cliente, con el propósito de recabar una información. Les dije que había llamado el viernes anterior y que no había conseguido que me atendieran. Cuando dije que había llamado al teléfono de su página web y a otro que me había dado un concesionario, la respuesta me dejó helado. *¡Ah! No haga usted caso, ambos están equivocados y no funcionan.* Pero lo mejor, vamos, lo peor, no estaba en esto. Después de hacer la consulta y pedir que me llamaran de vuelta, recibí dos respuestas que me hicieron reconsiderar toda mi imagen sobre la marca; la primera: *Lo siento, señor, nosotros* (el departamento de **atención al cliente**) *no podemos realizar llamadas a los clientes (!!!!!), son ellos los que nos tienen que volver a llamar.* ¿Y si es por un problema de que ustedes hayan podido causar?, le dije. *Tampoco, señor, tienen que volver a llamar ellos* (!!!!!!!!). Bueno, pero habrá excepciones ¿no?, volví a preguntar para entender mejor algo que me parecía increíble. *Pues no lo sé, tendría que preguntarlo.*

Lexus no es la única marca que tiene estos problemas. Y si no, pensemos cuando hemos tenido conversaciones similares en las que nos hemos quedado de piedra ante la forma con la que nos han tratado. Es evidente que la marca Lexus es más grande que este incidente. Pero también nos muestra lo siguiente:

1. Ha habido alguien que, a la vista de la crisis del sector de automoción de finales de 2008, ha dado órdenes estrictas de ahorro de costes porque no se fía de que sus empleados no llamen a sus amigos y familiares desde la empresa.
2. La empleada no ha sido debidamente entrenada para entender: a) que no debe llamar por teléfono a quien no debe porque hay una crisis; b) que no puede dar determinadas contestaciones al cliente.
3. La empresa no ha sabido formar a esta persona en lo que la marca Lexus quiere ser y representar, por lo que se ha limitado a aplicar o bien su criterio o bien la orden que ha recibido. Por ello, la probabilidad de que esto vuelva a ocurrir es muy alta.

En la fecha en la que esto ocurría, el sector caía un 40% en ventas y Toyota anunciaba pérdidas por primera vez desde 1940 por valor de 1.900 millones de euros.

El ejemplo de Lexus nos enseña que el momento de interrelación es el que cuenta. Nunca antes había llamado a Lexus, pero la impresión fue tan demoledora que mi imagen sobre la marca, su nivel de servicios y de respuesta ante un posible problema cayó en picado hasta el punto de dudar qué pasaría si algún día tenía algún problema de verdad si disponía de alguno de sus coches.

Hoy el Director de Operaciones sabe lo que ha ocurrido porque conseguí contactar con él y contarle lo ocurrido... A fecha de hoy no he recibido respuesta. ¿Servicio al cliente?

Por ello, para el Consumering® la prioridad no es salir y comunicar, sino invertir en estar "perfectos" cuando el consumidor nos encuentre. Posiblemente si el que dio la orden de ahorrar en Lexus hubiera pensado en Consumering®, habría quitado un par de anuncios en prensa y habría invertido ese dinero en teléfono para atender a los clientes y en formación para su departamento de atención a los mismos.

Esa "perfección" de la que hablamos es mucho más importante en estos momentos porque, en este mundo en el que vivimos, no cabe la menor duda que cuando nosotros queremos llegar a un consumidor, éste ya ha ido y ha vuelto veinte veces. Ellos son más rápidos que nosotros, por eso tienen que ver cosas interesantes y estimulantes cuando pasen por delante de nuestra puerta.

Por eso, si tiene poco dinero para invertir en comunicación, la recomendación es invertir en los momentos de la verdad más que en anunciarse. Recuerde que la mejor publicidad es la que sus consumidores hagan de su negocio mediante el boca-oreja, por lo que invertir en sus momentos de la verdad es una apuesta segura.

La capacidad de elegir, diseñar y emitir mensajes a otros consumidores es el tercer elemento necesario para tener éxito en el mercado actual. Si partimos de la base de que nuestros consumidores van a relacionarse entre ellos dentro del neotribalismo existente, mejor que facilitemos dicha interrelación. Los medios actuales nos ofrecen esa posibilidad y la debemos aprovechar. Y no sólo se trata de poder escribir un mail después de hacer un click en "contáctanos". Se trata de que nos puedan decir lo que piensan e interactuar con nosotros y entre ellos. Son pocas las compañías que ofrecen hoy esa posibilidad, posiblemente porque todavía pensamos que un canal de comunicación es para quejarse. Error. Un canal de comunicación es importante para todo, incluido quejarse. Y además para que el consumidor pueda elegir la configurabilidad de lo que quiere recibir o no. My Yahoo, Igoogle, etc., son muestras de cómo dejar que el consumidor sea el que elija la comunicación que quiere.

Bienvenido a HC-OUTLET

Tu amigo EMILIO DUQUE MALUENDA te invita a registrarte en HC-OUTLET. EMILIO ya es socio de nuestro club exclusivo y quiere que tú tambien te beneficies de las ventajas que ofrecemos.
Si deseas ser apadrinado por EMILIO pulsa el siguiente enlace.
(Sólo serás apadrinado por EMILIO si accedes al registro desde este enlace).

Quiero Registrarme

Visita www.hc-outlet.com si deseas obtener mas información Atentamente,

HC-OUTLET

Me sigue por lo tanto sorprendiendo que empresas de comunicación líderes en sus mercados y condenadas a dominar la red, como por ejemplo El Mundo, El País, Marca, Hola…, no hayan presentado todavía *Mi Mundo, Mi País, Mi Marca, Mi Hola* como alternativas de interactuación con sus consumidores. A lo mejor se llevan una sorpresa y habría más gente dispuesta a pagar si, además de darles los contenidos que quieren, pudieran configurarse SU periódico incluyendo la publicidad que pueda interesarles sobre lanzamientos de productos, promociones, etc., y, por supuesto, la posibilidad de encontrar personas similares con las que compartir noticias y comentarios. ¿A que es una buena idea? Es, gratis, aprovéchenla.

Considerando lo anterior, no debe extrañarnos que las empresas Consumering® tengan un patrón de inversión en publicidad muy diferente a la de sus competidores. Las empresas Consumering® es posible que proporcionalmente inviertan más en medios no convencionales y probablemente para transmitir mensajes corporativos, lanzamientos, o para llegar a los llamados no-consumidores o a ciertas redes sociales de su interés debido a la necesidad de invertir en los puntos de encuentro. Por eso y porque es el consumidor el que está en movimiento permanente es por lo que las inversiones deben ir dirigidas a que "nos encuentren" y a que ese momento de encuentro sea toda una experiencia de Consumering®.

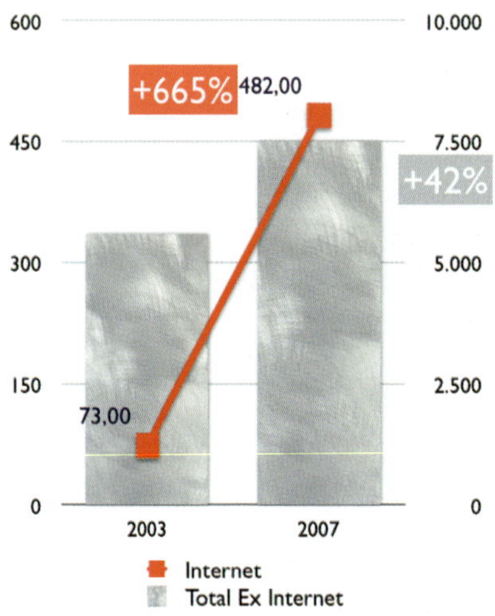

Pero no sólo esto. El crecimiento exponencial de la red y de la telefonía móvil hará que estos canales preponderen sobre los tradicionales progresivamente, a la espera de que estos últimos evolucionen a su vez para adaptarse a los nuevos tiempos. Así, internet será el lugar de comunicación y publicidad más impresionante que se haya visto y se convertirá en un lugar de ocio más, pero un ocio compartido, compartible y a la carta del individuo o de la red social en cuestión.

My space video, cine tube, you tube, megavideo, my stream.to, wuapi, vreel, stage vu son sólo algunos de los sitios donde millones de personas ven sus vídeos y películas, los que quieren y con quien quieren, porque pueden compartirlos on line con otros amigos, a distancia, claro.

La televisión no se queda atrás. En wwiTv pueden ver si quieren más de 2.800 canales de televisión de todo el mundo. Y como él, channelking.com, tvchannelsfree.com, channelchooser.com y muchos otros más. Y esto ya es exportable al móvil, naturalmente. Movistar ya ofrece un paquete: Mobitv es un primer proyecto serio en este sentido. Visiten la compañía española Unkasoft y vean cómo hacen "la publicidad convertida en juego" para la telefonía móvil, maridando el formato juego (el que da más éxito en telefonía móvil) con la publicidad.

A medida que la tecnología avance y la capacidad de recepción/emisión sea mayor (es decir, mañana mismo) toda esta forma de distribución a la carta aumentará exponencialmente, haciendo que nuestros consumidores se retiren de los medios tradicionales excepto para cosas muy puntuales y especiales.

Y con la publicidad está pasando y pasará lo mismo: internet será el lugar donde el consumidor elegirá ver la publicidad de una serie de marcas de una categoría para hacerse una idea de la propuesta que hacen. Inetgiant.com es ya un site donde esto ocurre. Y por supuesto, You Tube, donde los consumidores no sólo pueden ver los vídeos o canales o anuncios que quieran, sino que también pueden participar haciendo los suyos y ganando premios, como es en el caso de los concursos que pueden convocar, como recientemente ha hecho iBanesto.com, o sencillamente imitando las campañas de sus marcas favoritas. Entren si no en el portal y véanlo: escriban "apple ads" y "apple ads parody" y verán juntos los anuncios de la marca y de sus consumidores.

Para ponerlo todo más fácil, Adworks y AdSense de Google nos ayudan en todo esto de anunciarse en internet, y pagar sólo si alguien hace click. Lo que pase después, cuando el consumidor entre en nuestra página, ya es cosa nuestra. ¿Les suena? Invertir en que nos encuentren y en que la primera experiencia sea auténticamente Consumering®.

Quizá por todo ello el crecimiento global de la publicidad en internet no deja de crecer durante los últimos años y la previsión es que se mantenga en los venideros.

La comunicación debe ser por lo tanto integral, coordinada y bien pensada para que todos los estímulos coincidan y se dirijan en una sola dirección. Estímulos, interrelacion con el sistema de operaciones y poder definir la comunicación, e incluso convertirme en emisor de la misma, son tres vectores fundamentales para que nuestro consumidor viva con mayor emoción, pasión y sentido de la propiedad nuestra marca. Le gusta hacerlo, ya lo hace y no le importaría hacerlo un poco más. ¿Por qué no considera ponérselo más fácil? ¿Qué tal si revisa su sistema de mensajes y se enfrenta a la realidad? Seguramente encuentre que diferentes departamentos y funciones transmiten cosas diferentes. Al hacerlo, recuerde: todo, absolutamente todo, comunica.

La red y el neotribalismo

Piénselo bien. Hoy millones de personas pasan más tiempo de su ocio delante de un ordenador que viendo la televisión. El poder de la red y el neotribalismo han hecho que el medio por excelencia, aquél al que sólo podía llegarse si se tenían grandes presupuestos, ha quedado sociológicamente relegado a un segundo plano. En las redes sociales los consumidores se relacionan. Comunican, comentan y se recomiendan productos y servicios al mismo tiempo que pueden criticar una mala experiencia. Facebook cuenta con más de 150 millones de usuarios; My Space con más de 130 millones; Tuenti 5 millones...; y así sucesivamente. Programas de fotos, mails, buscadores, etc., ya ofrecen posibilidades de subir toda la información en segundos a tu comunidad. You Tube recibe miles de vídeos al minuto. Todos quieren compartir, todos quieren estar ahí.

Muchos presidentes, directores generales, directores de marketing, etc., comprenden esto, pero no lo entienden realmente. Ven cómo sus hijos e hijas ya no ven con ellos la televisión por la noche y seguramente se quejen de ello. Para aquellos de más de 40 años, internet sigue siendo una enorme biblioteca y un medio de comunicación vía email. Pero no comprenden la profundidad del cambio sociológico que esto representa y representará.

Son hijos de la televisión, ese aparato alrededor del cual la familia se reunía para comer, cenar o pasar la tarde o la noche. Ahora la reunión está en otro sitio diferente y allí es donde nuestros consumidores están. Si usted no es de estos últimos, póngase al día antes de que sea demasiado tarde. La comunicación hoy pasa por la red y el neotribalismo. No lo olvide. Tener una red social de consumidores que quieran participar en su empresa es una joya que cualquier compañía debería tener y explotar. Ya las hay. Dentro de cinco o diez años todas las tendrán. ¿Para qué esperar?

Foto: www.analytics20.org

- Pida mañana por la mañana una revisión de todos los sistemas de mensajes y estímulos de su compañía de los últimos tres años.

- Analice y compare todos y cada uno de los elementos y compruebe su homogeneidad y coherencia. ¿Cuántos mensajes ha usado? ¿De cuántas maneras diferentes?

- Incluya en lo anterior su política de atención al consumidor, su departamento de quejas, cómo se contesta al teléfono, sus facturas y la claridad y exactitud de las mismas, el discurso y argumentario de sus vendedores... En fin, el más mínimo de los detalles.

- Mírelo todo en su conjunto y si lo necesita inicie un plan de comunicación integral basado en los cinco sentidos y en todos y cada uno de los soportes que vaya a utilizar, incluidos los anteriores.

Capítulo 12

Quién es quién en su cartera de clientes: consumidores VIP vs. no VIP

Resumen

Tradicionalmente, los clientes que más o más frecuentemente compran son los que se consideran más rentables. Con todo el sentido del mundo, el retorno inmediato es necesario en las empresas. Pero para el Consumering®, la rentabilidad no sólo está en la rentabilidad a corto plazo. Si partimos de la base de que es nuestro consumidor el que "se hace" la oferta y el que realmente promociona la marca, debemos coincidir en que cuanto más sepamos de él, mejor, y que cuanto más cerca le tengamos, mejor también. Por eso para el Consumering® tan importante como la compra es la posibilidad de interactuar con sus consumidores para saber por qué compran, por qué no compran y en general para saber qué mejorarían y qué otras alternativas de configuración serían necesarias. Juntando ambas perspectivas, obtendríamos los denominados "core consumers", aquellos que compran y opinan habitualmente.

La estrategia fundamental es conseguir el número suficiente de consumidores de este tipo de tal manera que su rentabilidad sea mayor o igual que los costes fijos de la empresa. Si conseguimos eso, la compañía es estructuralmente rentable. A partir de ahí, los consumidores que opinan, aunque compren menos, se convierten en más rentables a largo plazo porque son los que nos ayudarán a mejorar nuestra oferta y atraer a más consumidores. La estrategia cambia por lo tanto y se orienta a captar más consumidores ofreciéndoles lo que realmente buscan. Al mismo tiempo, debemos dirigirnos a los consumidores que nos compran pero que no opinan (y que a menudo no sabemos quiénes son), porque necesitamos saber qué les atrae para poder mantener el atractivo de nuestra oferta. Finalmente, la tercera estrategia es mantener nuestra reputación en el mercado para aquellos consumidores que, si bien apenas nos consumen o no consumen nada, sí pertenecen a redes sociales donde pueden comentar sobre nuestra marca.

¿Cuánto vale su compañía? Esta es una de las preguntas del millón. Mientras que hace no muchos años hablábamos de valor contable y de valor actual neto, hoy el cálculo del fondo de comercio es la clave para determinar el valor real de una compañía. Independientemente de lo que cada uno quiera incluir en ese valor, hay dos elementos fundamentales para conocer el valor de una compañía: el de la marca y el de su base de clientes. Claro, cómo determinar el valor de ambas cosas es el tema en cuestión, y no vamos a solucionarlo aquí. Pero sí queremos apuntar cómo el Consumering® se aproxima al asunto de la clasificación de su cartera de clientes.

En el mundo tradicional clasificamos al cliente en función de su grado de compras: fieles, frecuentes (pongámosle el nombre que queramos), su tamaño, su importancia, etc.

Con los principios del Consumering® la cosa es un poco diferente. Recordemos una vez más que el Consumering® es *la orientación empresarial al consumidor final con el propósito de establecer una* ***asociación recíproca de intereses*** *en la que éste obtenga la satisfacción de sus necesidades funcionales, emocionales y relacionales y la empresa los objetivos de rentabilidad estratégicos de su plan de negocio y en el que el uso y poder sobre las herramientas tradicionales se cede al consumidor final.*

Desde esta perspectiva, ¿qué le interesa a la empresa de sus clientes? Por descontado que las ventas y la rentabilidad de las mismas, pero de la misma manera le interesa el grado de integración y de relación no-comercial con él/ella, de tal forma que la empresa se mantenga actual y actualizada a las necesidades de aquellos que estén en los mercados que compitan. Ambos ejes son los que nos van a dar la clasificación de la cartera de clientes con los principios del Consumering®.

Es decir:

1. Grado de compromiso: grado de compra de productos de la marca independientemente de la categoría en la que estén los productos.
2. Grado de afiliación: participación en el desarrollo de la marca, involucración en feedback, nivel de respuesta, prescripción, repetición, etc.

El grado de compromiso parece relativamente fácil de medir y de entender: o compran o no compran, y si compran, cuánto, cómo, dónde, etc. Las nuevas tecnologías nos ayudan a medir y clasificar lo anterior en mayor o menor grado, en función de la dispersión de consumidores que tengamos.

Lo del grado de afiliación es más paradójico. En general todos los comerciales y servicios de atención al cliente prestan más atención y tiempo al cliente que se queja que al que no lo hace. Aquello está bien, claro que sí. Pero lo que no está tan bien es que no hagamos un caso proporcional a éstos, que son los que compran sin rechistar, prescriben a otros y viven la marca como propia. De hecho, la mayoría de los sistemas de atención al cliente miden el número de quejas y no el número y calidad de las buenas llamadas. Medimos también cómo hemos resuelto dichas quejas, pero no el número de sugerencias que hemos tomado de los que nos quieren y valoran. Trasladamos las quejas a los departamentos correspondientes y les involucramos en la solución, pero no trasladamos las nuevas ideas de mejora en la misma manera. Parecería como si estuviéramos más empeñados en no hacer las cosas mal en lugar de hacerlas bien. Claro, emocionalmente es más duro manejar una protesta que un piropo. Además nos han enseñado que una queja se transmite a cinco personas, y ésta a otras cinco y así sucesivamente. Pero no hemos medido con el mismo rigor la labor de prescripción boca-oreja que nuestros consumidores pueden hacer a otros. La excepción en esta área la puso un estudio de Harvard realizado sobre compañías aéreas y coches de alquiler en el que se mostraba que la única variable empresarial relacionada con el crecimiento era el nivel de prescripción; ni comunicación, ni promociones, ni precios: el boca-oreja.

Pues bien, ambas son necesarias. Pero ambas, no sólo una. Esa es la clave del Consumering®. Porque, a ver, qué es mejor, ¿actuar a posteriori o anticiparse? Obvio, ¿no? Pues el hecho de escuchar a ambos no sólo nos permite **corregir** lo que no sale bien, sino saber lo que **hacemos** bien y lo que tenemos que hacer mejor dicho por quienes realmente saben de nuestro producto o servicio: los consumidores.

Desde esta perspectiva, ¿cuál sería el "ranking" de consumidores?

Indudablemente, el **número 1** serían los **consumidores core,** aquellos que no cuestionan la marca ni sus productos y que no sólo están totalmente comprometidos con sus compras, sino con el desarrollo y mejora de la marca de manera solicitada y también espontánea y por propia iniciativa.

Como acabamos de explicar, son esos consumidores que nos hablan y dan sugerencias pero que, como son tan amables, nosotros no les hacemos ni caso. Sí, como lo oyen: ni caso. Agradecemos el cumplido, les decimos que estamos aquí para servir pero no nos sentamos con ellos y exploramos. Una pérdida, la verdad.

En el **número 2** no estarían los que compran más (más comprometidos), sino los más afiliados, es decir, aquellos que compran algunos productos o servicios en base al valor puntual de cada uno de ellos. Éstos son al mismo tiempo muy activos en sus

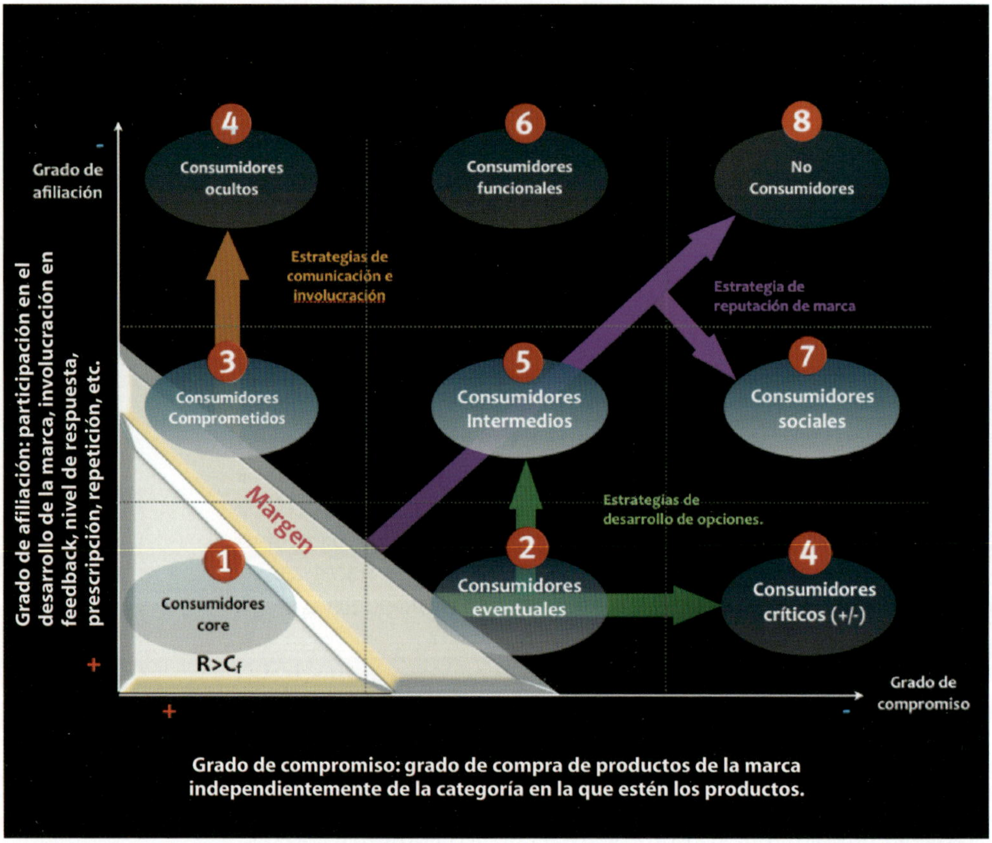
Grado de afiliación
-
+
Grado de afiliación: participación en el desarrollo de la marca, involucración en feedback, nivel de respuesta, prescripción, repetición, etc.
4
Consumidores ocultos
6
Consumidores funcionales
8
No Consumidores
Estrategias de comunicación e involucración
Estrategia de reputación de marca
3
Consumidores Comprometidos
5
Consumidores Intermedios
7
Consumidores sociales
Margen
Estrategias de desarrollo de opciones.
1
Consumidores core
R>Cf
2
Consumidores eventuales
4
Consumidores críticos (+/-)
+
-
Grado de compromiso
Grado de compromiso: grado de compra de productos de la marca independientemente de la categoría en la que estén los productos.

comentarios y deseo de mejora de los productos y servicios porque generalmente ya han "comprado" el valor de la marca. Les denominamos **consumidores eventuales** y su valor está en que no sólo presentan su experiencia con la marca sino sus ideas para poder acceder a otros productos. Y es este valor el que les hace ser más importantes que los consumidores **número 3; los consumidores comprometidos.**

Éstos pueden comprar tanto como los 1 pero se muestran menos proclives a dar su opinión y son menos activos en este aspecto. Pero para la marca los número 2 son más rentables que los número 3 porque aquéllos permiten su desarrollo de manera más fácil que éstos. Esto puede parecer una aberración desde el punto de vista de la rentabilidad. Pero como veremos más adelante, el secreto de la rentabilidad está en los número 1 y no en los 2 ó 3.

En los del **número 4** podemos poner ex aequo a los **consumidores ocultos** y a los **consumidores críticos.** Los ocultos compran habitualmente como los número 1 y 3, pero ni sabemos quiénes son ni ellos se muestran a la compañía, por lo que el nivel de interrelación es nulo o prácticamente nulo.

Son fundamentales, ya que contribuyen a nuestras ventas, pero su rentabilidad es meramente económica. Los **consumidores críticos,** por el contrario, apenas compran pero expresan su opinión positiva o negativa o de mejora, permitiéndonos desarrollar opciones o mejorar aquellos aspectos que nos permiten acceder a más consumidores en el mercado en el que competimos o a nuevos mercados en los que queramos competir.

El **número 5** es para los **consumidores intermedios**, aquellos que compran y opinan puntualmente y que como tales evalúan de manera continua nuestra propuesta, incorporándose a la misma de manera esporádica. Están indefinidos pero al menos nos muestran su opinión más que los **número 6,** los **consumidores funcionales,** que compran en la misma medida que los intermedios pero que ni sabemos quiénes son ni contribuyen a mejorar nuestra propuesta. A ambos tipos de consumidores podemos considerarlos los consumidores mercenarios, es decir, los que nos compran en base a la oferta u oportunidad del momento y siempre en base a lo que reciben de la empresa.

Nos quedan ya los **consumidores sociales** (7) y los **no consumidores** (8). Los primeros son los que no compran pero participan en redes sociales expresando su opinión y siendo un posible foco de información para otros, pero también de peligro potencial, porque lo hacen en base a comentarios de terceros y a filias o fobias de carácter emocional, ya que no han probado el producto o el servicio. Los no consumidores son sencillamente aquellos para los que no existimos y por lo tanto su interés por nosotros es nulo. Ni opinan ni compran, pero potencialmente pueden pasar en algún momento a cualquiera de los otros niveles.

Base de consumidores y rentabilidad

Decíamos antes que priorizar a los número 2 (eventuales) en favor de los número 3 (comprometidos) podría parecer una aberración desde el punto de vista de la rentabilidad; al fin y al cabo nos han enseñado que lo importante son los clientes que compran. Esto es así normalmente si no hemos hecho antes los deberes con los consumidores core; sí, aquellos que nos compran y nos dicen piropos y no les hacemos caso.

La clave para una empresa es que **la rentabilidad de estos clientes sea mayor o igual a sus costes fijos.** Si conseguimos esto, entonces las cosas van a ir bien, muy bien. Porque a partir de ese nivel cualquier compra de cualquier consumidor nos dará una rentabilidad mayor porque lo hace a nivel de margen de contribución y no de beneficio neto.

Por eso podemos permitirnos el lujo de centrarnos en consumidores que, aunque compren menos, opinan más y nos permiten mejorar para que los consumidores core crezcan y ser así más rentables. Ser más rentables o poder permitirnos aumentar nuestros costes fijos si queremos atender a más consumidores o hacerlo de mejor manera.

Las conclusiones deberían de ser inmediatas

- **Primero: la rentabilidad sostenida y el crecimiento de una compañía no sólo están condicionados por la rentabilidad de los consumidores core que tenga, sino que ésta debe de ser previa a aquélla y no al revés.**
- **Segundo: el máximo número y rentabilidad por unidad o sobre ventas de los core representa por lo tanto el máximo nivel de rentabilidad del modelo de negocio en cuestión. Un mayor nivel de rentabilidad debería ser alcanzado al incorporar el mayor número posible de consumidores sin arriesgar el posicionamiento de la marca y no en base a cambiar su rentabilidad porcentual unitaria, a no ser que atraigamos más consumidores que configuren su solución final con más opciones o que cambiemos el modelo de negocio.**
- **Tercero: la segunda estrategia prioritaria de crecimiento de una empresa o marca viene determinada por la estrategia de desarrollo de opciones para atraer a los consumidores críticos y la estrategia de involucración para incorporar a los ya consumidores que no están totalmente afiliados a nuestra marca.**
- **Cuarto: con el resto de la cartera de consumidores no sólo debemos cumplir con nuestra promesa sino desarrollar una estrategia de reputación corporativa que desarrolle nuestra imagen en el mercado con un doble propósito. Por un lado, "dignificar" la decisión de los consumidores funcionales e intermedios haciéndoles sentir que la nuestra es una buena opción. Del otro eliminar los posibles efectos negativos que los consumidores sociales o los no-consumidores puedan hacer en sus redes sociales y contribuir a ser una opción si en algún momento se convierten en consumidores.**

Para todo esto debemos hacer tres cosas

- Primero: Revisar nuestros procesos y los costes fijos (bien analizados) asociados a ellos diferenciando los costes estructurales de los que depende nuestra ventaja competitiva de los que no lo son. Estos puede usted reducirlos o variabilizarlos. Pero aquellos ¡no! Al contrario, son los procesos y costes que debe mantener y desarrollar para no cometer el error de externalizar aquello que sólo usted hace tan bien.
- Segundo: Clasificar a nuestros clientes de una manera diferente a la actual, y hacerlo tomando nosotros la iniciativa de saber quiénes son y qué hacen pero también dándoles a ellos la oportunidad de que se comuniquen con nosotros y poniendo en funcionamiento sistemas que escuchen activamente a todos los consumidores y no sólo a los que se quejan.
- Tercero: Pídale a su director comercial y supervise usted personalmente un plan para identificar cuántos y quiénes son los consumidores o tipo de consumidores cuya rentabilidad haga que su empresa cubra los costes fijos.

El resto ya se lo puede imaginar: escúchelos, manténgalos y pase a expandir su marca con nuevas opciones y propuestas que atraigan más consumidores explotando el boca-oreja y desarrollando otros estímulos para hacer que la mancha de la marca se expanda en el mercado actual o en los adyacentes.

Si le parece complicado, lo entiendo. Pero la alternativa ya sabe cuál es: promociones, precio y la lucha permanente por no hacer las cosas mal y por conseguir la última compra posible cueste lo que cueste. ¿No está ya aburrido de esto? Bueno, pues abra la ventana y deje que entre aire fresco, verá cómo se siente mejor.

- Sí, sí. Ya lo sabe. ¿Qué tal si reclasifica a sus clientes desde esta perspectiva?

- ¿Conoce la rentabilidad de sus consumidores?

- ¿Tiene una política de conocimiento de consumidores satisfechos? ¿Cómo la mide?

- ¿Qué sistemas tiene para hacer que sus consumidores den su opinión y se involucren en su negocio?

- Por cierto, ¿cuánto tiempo hace que no habla con uno de ellos?

I, the Brand

No Brand, no business

Capítulo 13

Lo esencial en dos palabras: la marca

Concepto

Y para el final, el aspecto más importante de Consumering®, el que agrupa todo lo que el concepto representa, significa y quiere desarrollar. Hablar sólo de la marca requeriría un manual. Por eso hay que centrarse en los conceptos básicos y en los aspectos más relevantes.

Marca, marca y marca. Lo es todo. Todo lo que usted hace en su empresa llega a un mercado en el que un consumidor decide, o no, comprarlo. Tan simple como eso. De poco importan sus reuniones, sus proyectos, los sinsabores o las satisfacciones internas; si al final no le compran, nada ha merecido la pena. Por eso es importante saber qué es una marca y qué representa para el mercado y la empresa.

Una primera aproximación a la marca nos indica que no es sólo una denominación, sino mucho más. Un ejemplo. Piense en el nombre y apellidos de una persona que conozca. Inmediatamente asociará a esa persona con diferentes cosas y la podrá clasificar y encuadrar entre todas las que conoce. Tendrá cosas comunes con ellas y características que la hagan diferente. Si nos quedáramos en esto, estaríamos viendo sólo una parte de la historia. Porque esa persona también es lo que usted no ve o no sabe de ella: datos de su historia, de su educación, de su experiencia... En fin, todo aquello que ha hecho que usted pueda percibirla de una manera determinada. Y llevado al último extremo, incluiría su ADN, su físico, etc., es decir, **todo** lo que esa persona **es y la ha hecho así.**

Un segundo ejercicio: piense en la palabra reloj. Todos nos imaginamos una máquina o mecanismo para medir el tiempo. Y si vemos unas manecillas en un círculo o unos números digitales, lo más probable es que digamos que eso es un reloj. Y es que una palabra representa un concepto que el ser humano necesita para no tener que revalorar o/y renombrar cada cosa que ve. De hecho, nos comunicamos así, basándonos en conceptos.

Claro, cuando a ese concepto-palabra le añadimos un nombre, surge la clasificación de la que hablábamos antes. Y ya un Swatch no es lo mismo que un Rolex, por no hablar de un Vacheron o de un Glashütte. ¿Ve? Puede que incluso haya nombres que no le suenen y otros que si. Pero seguro que sabe que un Rolex es más caro que un Swatch y que éste es más jovial y desenfadado que aquél. Y seguramente piense que en un cumpleaños puede regalar un Swatch a un sobrino, pero que para una pedida o un aniversario el Rolex puede ser más adecuado; si tiene el dinero, claro está.

Y a lo mejor sospecha que las otras marcas son más caras que el Rolex, siempre y cuando las relacione con el mercado de relojes de lujo.

Ese es el poder y el rol de las marcas. Sin lugar a dudas un poder que va más allá de la denominación y el nombre.

Desde esta perspectiva y para el Consumering®, una marca es un concepto (palabra) que sirve para agrupar el conjunto de percepciones que recibimos por medio del sistema de estímulos y asociarla a valores funcionales (categoría de producto, funcionalidad, tipología, etc.); emocionales (aceptación rechazo, indiferencia…) y relacionales (experiencias personales y ajenas), que finalmente determinarán nuestra actitud positiva, negativa o neutra hacia la misma, y ésta determinará nuestro comportamiento final en el mercado (compra, no compra, prescripción, crítica, etc.).

Por ello, sólo una actitud positiva hacia una marca y lo que representa puede llevar a que finalmente compremos o no el producto y, consecuentemente, a que la empresa obtenga o no su rentabilidad. Y este es precisamente el rol del Consumering®: desarrollar ese conjunto de estímulos que, debidamente adecuados a lo que es hoy el consumidor, genere esa actitud positiva, tanto en todos los posibles consumidores como en los no consumidores o consumidores sociales.

Por todo ello no nos importa afirmar que el futuro (ya el presente) está determinado y condicionado por las marcas y que parte esencial del Consumering® es el branding. Por eso, si no tienes una marca, eres un commodity, y si es así, sólo compites en precio.

En la figura siguiente vemos de manera sencilla cómo es el proceso. En un primer estadio, la imagen que tengamos de los estímulos recibidos hace que consideremos comprar o no el producto. Una vez que la imagen y asociaciones son aceptadas, consideramos comprar, cosa que haremos si el valor ofrecido y

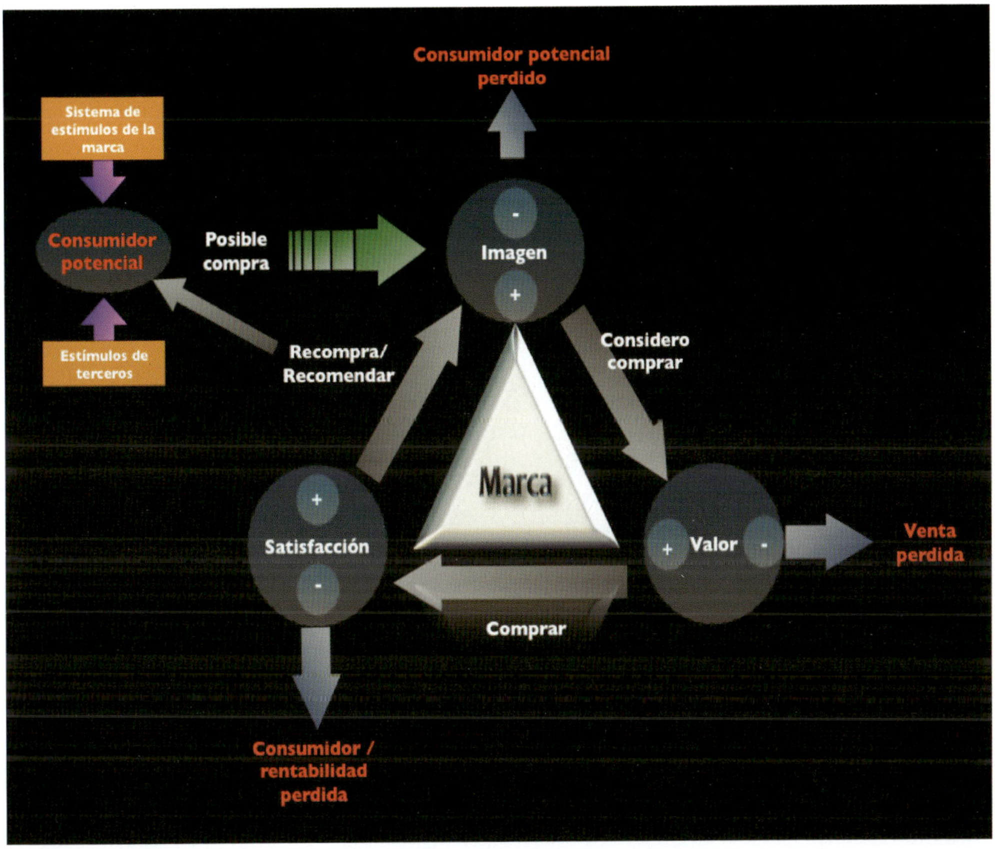
Consumidor potencial perdido
Sistema de estímulos de la marca
Consumidor potencial
Posible compra
Imagen
Estímulos de terceros
Recompra/ Recomendar
Considero comprar
Marca
Satisfacción
Valor
Venta perdida
Comprar
Consumidor / rentabilidad perdida

percibido es positivo. Si la satisfacción es a su vez positiva, recompraremos y prescribiremos contribuyendo a mejorar la imagen de la marca. Todo lo que no sea eso significará un consumidor potencial perdido, una venta perdida y una pérdida en nuestra reputación.

¿Cómo se hace una marca Consumering®?

Nosotros vamos a ir un poco más allá y proponer una visión más amplia y detallada de esta construcción.

Las marcas Consumering® se diseñan desde una arquitectura multidimensional en la que el desarrollo de los elementos centrales, funcionales, emocionales y relacionales de la marca, a través de los grados de libertad y/o oferta al consumidor y la composición e intensidad de los estímulos, constituyen la propuesta de valor y por lo tanto la auténtica diferenciación de las mismas.

Tres tareas para construir una marca

La construcción de una marca no es precisamente una tarea fácil, ni mucho menos. Y además empieza desde el primer día, por lo que cuanto más tiempo haya pasado, más asentados estarán los vectores de la misma. En cualquier caso, es una tarea compleja que pasa por un requisito básico e irrenunciable: interiorizar a todos los niveles, especialmente a nivel de dirección y propiedad, que es un trabajo en el que los resultados no se verán inmediatamente y que requiere esfuerzo y determinación; sin esto, mejor ni empezar.

Tarea n.º 1: Definir, ejecutar y vivir los elementos centrales

Los llamados elementos centrales de la marca son aquellos que componen la columna vertebral de la misma y sobre la que, queramos o no, nuestra propuesta al mercado se asentará durante largos periodos de tiempo, si no durante toda la vida.

1. El primer elemento es el relacionado con el espíritu emprendedor que fundó la empresa. No importa que sea escrito de manera más o menos comercial o que lo llamemos **verdad, shimei, sueño**... Da igual. Lo que cuenta es el espíritu que iluminó la idea original. Y no podemos confundirlo con la misión, visión, etc. Estos elementos son necesarios pero suelen ser comunes en la industria y tienen una orientación más empresarial. El espíritu del fundador, su verdad, etc., va más allá, y es la verdad absoluta a la que nos comprometeremos y que de alguna manera representa el impacto que tendremos sobre la sociedad y sobre los clientes/consumidores hoy y mañana.

Cuando Innocent Smoothie habla de *"hacer la vida diaria un poco más sana; facilitar a las personas hacerse algo bueno a ellas mismas. Y que además tuviera buen sabor. Queríamos que pensaran en las bebidas inocentes como su hábito saludable; como ir al gimnasio, pero sin las duchas comunes al terminar",* o cuando Schultz de Starbucks habló de *"ofrecer al consumidor americano un tercer lugar diferente al trabajo y a su casa",* reflejan que su empresa no sólo tiene una misión o una visión, sino que se comprometen a algo más con la sociedad.

2. El segundo elemento central (**tener un target claro y definido** y serle fiel hasta el final) y el tercero (un **posicionamiento**) tienen que ver con el compromiso que ofrecemos al mercado y que nos diferenciará a lo largo de la vida del mismo. Es la manera en la que tangibilizamos aquella verdad o sueño que teníamos cuando creamos la marca o la empresa o el producto o servicio en cuestión. La propuesta de The Cooperative Bank a su público objetivo no puede ser más clara y una buena muestra de una promesa significativa para aquellos que valoren tener opinión sobre dónde invertir su dinero: *"Somos buenos con el dinero"* a lo que añaden:*"Hoy, el banco continúa siendo el único banco comercial en el que sus clientes pueden decidir cómo debe ser usado su dinero y ayudar en el desarrollo de su política ética".*

Las marcas, por lo tanto, deben hacer algo significativo para su target: ser las mejores funcionalmente (un lavavajillas); representar una manera de autoexpresión (un equipo de fútbol); conectarlos con un grupo de pertenencia y autoexpresión (una red de contactos en Internet) o representar una aspiración social o personal (marcas de lujo). De esta manera la harán suya y la incorporarán a su vida como elemento esencial, y este posicionamiento permanecerá también en el público objetivo correspondiente, público objetivo que debe estar claro y definido, recordando que no nos referimos a un segmento sino a todos aquellos que van a valorar nuestra propuesta y que aquí definimos como mercado. Así, y si seguimos el ejemplo del Cooperative Bank, nuestro mercado estaría compuesto por todos aquellos que quisieran saber dónde se invierte su dinero, independientemente de su sexo, edad, condición, etc. Ser infiel a este mercado cambiando o no ejecutando su posicionamiento (o diferenciación, que al fin y al cabo es lo mismo), sería equivalente a perder o cambiar el negocio.

Tarea n.º 2: Generar drivers de reputación y confianza

Esta segunda tarea tiene como propósito asegurar y mantener la adscripción de los clientes y consumidores a la marca a lo largo del tiempo para poder desarrollarla con el apoyo de los mismos. Es esta la manera en la que las marcas más fuertes perduran en el tiempo, aguantan crisis y superan los problemas que todas deben afrontar con mayor facilidad que las que son más débiles.

Si lo que caracteriza a los elementos centrales es que son de carácter estructural, en este caso es el tiempo el factor crítico: generar estos drivers necesita tiempo, que sólo puede ser acortado si el nivel de coherencia es perfecto y si la satisfacción de los clientes/consumidores es tal que el boca-oreja desarrolla los mismos.

1. El primer elemento de esta segunda tarea está directamente relacionado con el posicionamiento y supone su desarrollo mediante la creación de **asociaciones positivas** que el cliente valore como propias y que perduran en el tiempo. Una asociación es la relación funcional que se forma entre el estímulo y la respuesta como consecuencia de una experiencia. Son esas realidades o sensaciones (incluso las de tipo hedónico) que evocan situaciones agradables a través de realidades funcionales o simbólicas que, al ser experimentadas, generan satisfacción intelectual y emocional que se recuerdan a lo largo del tiempo. Por ello, todos los elementos que constituyen el estímulo global de la marca deben ir dirigidos a la generación y refuerzo de dichas asociaciones.

"Ayudar a triunfar", "sistema de suministro y distribución, cercano y con soluciones inmediatas a los problemas", "eficacia" y "seguridad activa y pasiva" son las asociaciones que, mantenidas y cumplidas a lo largo del tiempo, han permitido a Carterpilar mantener un crecimiento sostenido en el tiempo y un liderazgo por el momento incuestionado.

2. El segundo elemento es la generación de anclajes y es consecuencia de todo lo anterior. Una vez establecidas y mantenidas las asociaciones positivas de marca a través de los productos o servicios, éstos se acaban convirtiendo en símbolos que representan todas esas asociaciones positivas que nuestro cliente valora. De esta manera estas marcas pueden abordar nuevas categorías o proyectos, siempre y cuando mantengan estos productos/servicios (denominados emblemáticos) como prueba de que los valores y asociaciones de origen se mantienen invariables. El bolso Kelly de Hermès, el Barbour corto de caza o la pluma Meisterstück de Montblanc son ejemplos de productos emblemáticos que no sólo son anclajes para los clientes, sino las palancas que han permitido a estas marcas la entrada en otras categorías y desarrollo de negocio.

3. El elemento final es la **generación de identidad e identificación.** Como consecuencia de todo lo que la marca hace y de la simpatía y empatía que los clientes/consumidores sienten hacia su posicionamiento, sus asociaciones, anclajes, etc., se produce esta sintonía total mediante la cual aquellos asumen la marca como propia y como una forma de autoexpresión que no sólo no ocultan, sino que exhiben sin ningún problema: el tan llevado y mencionado apostolado que todas las marcas quieren y persiguen. Su expresión puede ser desde su simple mención hasta el tatuaje de su símbolo o logo-símbolo. Toda una prueba de fidelidad, no cabe la menor duda.

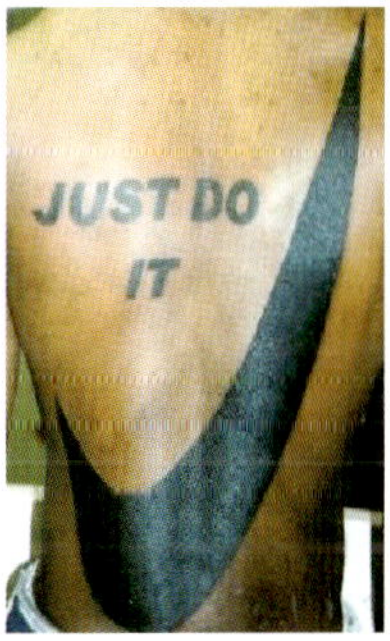

Tarea n.º 3: Los grados de libertad

Se ha hablado mucho de los grados de libertad y de lo esencial que es que los consumidores configuren su solución final. Cuando constituimos una marca es cuando debemos definir los grados de libertad que vamos a dar a los consumidores para que encuentren cuanto mayor número de alternativas posible. Estos grados de libertad pueden aumentar en la medida que la tecnología y el desarrollo lo permitan.

El iphone de Apple ya permite cargar cientos de aplicaciones, algunas gratis y otras de pago, para personalizar el teléfono de la manera que quieras. Y los desarrolladores gustosamente lanzan otras nuevas cada día sabiendo que el nivel de configurabilidad deseada tiende a ser infinito. Juegos, programas, utilidades y, por supuesto, la posibilidad de que el tono o las alarmas sean tus canciones favoritas, son sólo algunas de las posibilidades que no sólo satisfacen al usuario sino que generan intercambio de información entre los usuarios.

A efectos de definirlos le recomiendo que vuelva a las páginas de producto y diferenciación para revisar los conceptos fundamentales: funcionalidades básicas, secundarias y estéticas para que determine cuántos grados de libertad puede dar en cada una de sus marcas/productos.

Tareas n.º 4: Definir la estrategia

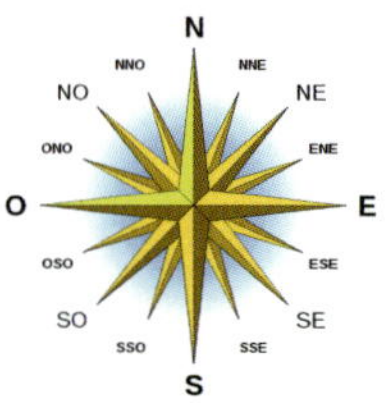

Procesos, tecnología, funcionalidades y concepto de marca constituyen la estrategia de la marca tal y como vimos en el capítulo dedicado a este tema. Si usted ya tiene una empresa con una tecnología y unos procesos, empiece al revés. Mire qué puede construir con lo que tiene y cambie entonces los procesos no tecnológicos (hasta que pueda) para adaptarse a su mercado y ofrecer grados de libertad y elección que sus clientes no hayan visto hasta ahora. Ejecute la estrategia que le sea posible y no la deseable hasta que esté listo para ello. De otra manera, sus clientes no se lo perdonarán. Y su cuenta de resultados tampoco.

Tarea n.º 5: Póngalo bonito

Esta es la tarea que más divierte a las personas y a las agencias. Pero para realizarla se necesita todo lo anterior. Es la punta del iceberg, lo que todos vemos. Pero es sólo una tercera parte de todo lo que hay que hacer. Por eso, antes de entrar en ello debe estar totalmente claro lo que quiere comunicar y que realmente puede hacerlo.

La tarea consiste en el desarrollo de los elementos formales de la marca, que podemos clasificar por estímulos en:

1. **Estímulos racionales**, es decir, todos aquellos que nos dan los motivos por los que los consumidores deben tener una actitud racional positiva hacia nuestro producto o servicio. Forman parte de ellos los argumentarios, especificaciones, pruebas y en general todo aquello que es objetivable y valorado por el cliente desde este tipo de estímulo. Es un elemento esencial en las categorías industriales, pero también

en categorías de consumo como ordenadores, automóviles, etc., y como tal representa un elemento higiénico que tenemos que tener.

2. Los **estímulos emocionales** tienen que ver con aquellos elementos que nos hacen sentir algo hacia el producto o servicio en cuestión. El trabajo realizado por Kevin Roberts en el ya mencionado LoveMarks es una magnífica expresión de lo que una marca debe ser y ofrecer al mercado: amor y respeto. Merece la pena ver su trabajo al respecto para entender mejor la concontribución que hace sobre este asunto: una aproximación fresca y nueva que les va a interesar.
   El ámbito emocional es donde las filias y las fobias se generan y por lo tanto el más intangible de todos. Por ello, cuando un consumidor se considera amado y respetado por una marca (o por una persona), desarrolla un sentido mucho más amplio de la adscripción y de la lealtad y fidelidad y por lo tanto el nivel de anclaje es mucho mayor. Es este por lo tanto el primer paso para que alguien se sienta predispuesto a darnos su confianza y a estar con nosotros una larga temporada. Así como el racional puede ser más propio de algunas categorías, el emocional está presente en todas y con un peso importante, cada vez más importante.

3. Los **estímulos sensoriales** están constituidos por los sistemas que comunican en las cinco direcciones posibles: oído, tacto, vista, olfato y gusto en lugar de los tradicionales oído y vista. Es el tan mencionado y tan importante marketing de los sentidos o de la organolepsia del que tanto se habla últimamente. Hay mucho hecho en este sentido y por ello no entraremos en los detalles. Pero sí hay que sugerirle que revise su sistema de estímulos sensoriales, porque si el mensaje racional o/y el emocional no son coherentes dichos estímulos tendrán mayor peso y pueden arruinar aquellos. ¿Que por qué? Por el poder que los estímulos tienen sobre el subconsciente y el inconsciente de las personas. Analice sus sistemas y compruebe su coherencia. A lo mejor encuentra alguna sorpresa.

http://meltingcrayons.wordpress.com/

4. Los **estímulos relacionales** son todos aquellos que tienen que ver no con lo que la marca me hace sentir (emocionales) sino con lo que siento y con cómo me siento cuando entro en contacto con el sistema. Están íntimamente ligados a los sensoriales y son los que deben desarrollarse.

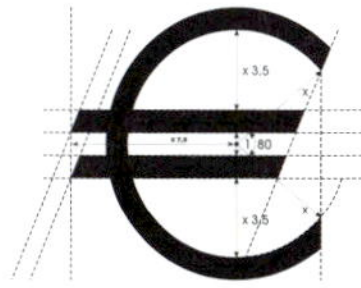

5. El **precio** es el último elemento formal, no sólo porque tenemos que fijarlo, sino porque constituye lo que el cliente debe poner de su parte para acceder al producto o servicio.

> Como tal no sólo está constituido por el valor económico de la transacción, sino por todo aquellos que el consumidor perciba como un "coste", lo que hace que incluya las inseguridades, inconvenientes y dudas que pueda tener sobre nuestra propuesta en algún momento determinado. En cualquier caso, es un aspecto crítico, como vimos en el capítulo de precios y forma parte de la propuesta de marca. De hecho es elemento fundamental de discriminación hoy en día: si tengo dinero puedo acceder a cualquier cosa, y, si no, me quedo sin ello.

Por eso, forma parte fundamental de la propuesta de la marca determinar cuál es el posicionamiento de su precio en el mercado partiendo de ese precio base, que será el mínimo que el consumidor tendrá que pagar por su solución básica. Como sabemos, el precio final de la solución vendrá determinado por la elección final de las opciones. Este es el elemento fundamental de la propuesta de la marca y el que estratégicamente debe determinarse.

Tarea n.º 6: Entender que la marca es de las personas: los elementos relacionales

Elementos centrales, reputación, confianza, etc., no son suficientes por sí mismos para crear una marca. Deben ahora ponerse a disposición de las personas para que sean ellos quienes las creen y mantengan vivas. Esto implica que no sólo nuestra marca debe ser creada a nivel de mercado, sino que cualquier plan de marca que se precie debe tener un plan de desarrollo a nivel de empleados; imprescindible, por otra parte, si se trata de un servicio.

Abandonar la marca a nivel de clientes/consumidores significa perder relevancia y por lo tanto iniciar el periodo de declive del que es prácticamente imposible regresar. Pero abandonar la marca a nivel empleado es la mejor manera de asegurarse que las asociaciones, la identificación y en general todos o casi todos los elementos experienciales difícilmente llegarán a su destino final como fueron diseñados.

De la misma manera, el empresario o la empresa deben atender a las necesidades y motivaciones de sus empleados y analizar su actitud y comportamiento como forma de recoger sus experiencias e incorporarlas a la propuesta de la marca para mejorarla y desarrollarla. Contar con el empleado es esencial para poder alcanzar nuestros objetivos. Propuesta a cliente y empleado y la experiencia de ambos se cruzará como un círculo virtuoso de desarrollo y éxito de la marca. Mercadona o Prêt à Manger son ejemplos de cómo hacerlo. Sus políticas de recursos humanos son un ejemplo de cómo incorporar a los empleados a la ecuación de valor que la empresa hace al mercado. Y si no, pensemos la cantidad de veces que nos han sorprendido negativamente empleados de marcas conocidas y cómo eso ha impactado en nuestra percepción, como en el caso de Lexus expuesto anteriormente.

La verdad es que no hay nada más desagradable y poco profesional que oír a un empleado hablar mal de su empresa. Y esto sólo indica que hay una dicotomía entre ambos elementos que requiere de solución.

Una vez entendido esto, que las marcas las hacen el mercado y los empleados, es cuando debemos poner en marcha el sistema relacional que la marca necesite y que nosotros podamos mantener, evolucionando de manera progresiva para no dar pasos en falso. Crear y/o conocer las asociaciones relacionadas con la marca, desarrollar y fomentar el uso de la Web 2.0, los foros, blogs, poder elegir el mensaje y la forma del mensaje, etc., son sólo un apunte de las posibilidades existentes hoy en día y una simple muestra de lo que se puede hacer en un futuro no muy lejano. Un futuro que ya ha empezado y al que nos será más difícil subir a medida que pase el tiempo.

Como ven, la creación de una marca no es tarea fácil. Es un trabajo que requiere esfuerzo, imaginación, disciplina y tiempo. Pero aquí, como todo, es cuestión de empezar. Eso es lo más duro y por lo tanto lo más difícil, pero no nos queda más remedio. La realidad del mercado nos muestra cada día que se está convirtiendo en una lucha de marcas más que de tecnologías y productos, ya que al fin y al cabo las funcionalidades básicas son las que son y la diferenciación entre ellas difícil, ya que todos comparten tecnologías similares. Nos quedan, pues, las secundarias, las estéticas y por lo tanto la marca como elemento aglutinador.

Por todo ello resulta desalentador comprobar cómo a lo largo de muchos años de asistir a reuniones de marketing, de dirección, de presentaciones de presupuestos y consejos de administración, raramente he visto el tema "marca" en su agenda.

Este detalle, no menor, resulta especialmente significativo cuando se comprueba que la mayor preocupación de las compañías es el margen, aspecto que suele estar relacionado con la diferenciación percibida y por lo tanto con el precio. Y es que la marca representa justamente esto: todo lo que el cliente asocia con los beneficios que va a recibir y por lo tanto con lo que va a estar dispuesto a pagar.

Los directivos de las compañías continúan buscando el beneficio a corto plazo y tomando decisiones que muchas veces ignoran el impacto que las mismas pueden tener en la marca, erosionando así su equidad, que tanto tiempo tarda en crearse y tan poco en perderse. Entre las decisiones más comunes está la de buscar desesperadamente un vector de superioridad que difícilmente es significativo para los consumidores o la extensión permanente, con nuevas líneas o variedades que aportan escaso valor diferencial y terminan confundiendo al mercado. Los resultados siguen sin venir y se toman más decisiones: reducción de precios, descuentos, promociones y mensajes que varían en un lapso reducido de tiempo, introduciendo más confusión en el mercado y por lo tanto debilitando la imagen de la marca en el canal y ante los consumidores.

Si su empresa/marca ha pasado por lo anterior y los márgenes se deterioran, es porque su marca puede estar enferma y requiere diagnóstico y tratamiento.

Todas las marcas que he mencionado con anterioridad no son sino un reducido ejemplo de muchas otras que día tras día alcanzan sus objetivos con mayor facilidad que otras y que abordan crisis y bonanzas con una base más sólida que sus competidores. Y todas ellas, de una u otra manera, dedican tiempo (mucho) y recursos (no tantos como se pueda creer) en definir, cimentar y desarrollar el elemento más importante de su negocio y el que más vale: su marca.

Sus proveedores se lo reconocen, sus clientes lo valoran, sus empleados están mas contentos y los accionistas también.

TAREAS DE PRIMERA PRIORIDAD

- Busque una palanca y un punto de apoyo y mueva su marca y su negocio.

- ¿Qué le parece si al terminar este capítulo convoca una reunión para poner en marcha un proyecto de auditoría, definición y desarrollo de su/s marca/s?

SCENE
001
TAKE
014
No Way!!
Consumering
PROD.
DIRECTOR
CAMERA
EXT.
DATE
28 Apr 2009
CAMERAMAN

Capítulo 14

Bonus track para escépticos

Ya, pero mi producto es totalmente indiferenciado; se lo digo yo

Siempre pasa lo mismo. "Esto no lo puedo hacer en mi sector", "mi negocio es diferente" y frases similares reflejan el común pensar de todos los que no terminan de ver otras alternativas diferentes porque ya han pasado por un largo proceso de diferenciarse con escasos resultados. Por eso intenté buscar un ejemplo en el que la funcionalidad básica fuera realmente NO DIFERENCIABLE. Si el Consumering® parte de la base de la capacidad de elección del consumidor, ¿qué pasa cuando no puedo cambiar teóricamente nada?

No ha sido tarea fácil, pero finalmente encontré un ejemplo de cómo aplicar los otros principios de Consumering® a un producto determinado cuando no puede cambiar nada. Y al realizarlo, he buscado algo diferente y no habitual para hacerlo más raro todavía.

El ejemplo lo he encontrado en Lang-Lang. Un pianista nacido el 14 de junio de 1982 en Shenyang, China, y que todos han visto por ser el pianista que interpretó una pieza al piano con una niña en el centro del estadio olímpico de Beijin durante la inauguración de los juegos olímpicos de 2008.

Lang Lang es un pianista[1]. Eso quiere decir que cuando interpreta una obra, por ejemplo el Concierto para Piano Número 1 de

[1] El descubrimiento de Lang Lang llegó en 1999, cuando tenía 17 años, con la dramática sustitución en el último minuto (presentada por Isaac Stern) de un indispuesto André Watts en el Festival "Gala de la Centuria" de Ravinia, en el cual tocó el Concierto para Piano Número 1 de Tchaikovsky con la Orquesta Sinfónica de Chicago (dirigida por Christoph Eschenbach).

Tchaikovsky, no puede interpretar otra, no puede cambiar una nota por mucho que se lo pida el público. Sólo dependiendo de su director puede tocarse un poco el tempo, pero definitivamente no puede interpretar una sonata de Mozart.

Así que veamos qué hace Lang Lang en Consumering®.

1. No puede ofrecer partituras a la elección del consumidor. Eso ya lo sabemos.
2. Se puede elegir el precio, dependiendo de que cada uno puede pagar el cd o la entrada en los conciertos.
3. Busca la diferenciación y el "extra" en su forma física de expresar emociones cuando interpreta una obra. Básicamente no se va a oír a Lang Lang (que también, porque es un virtuoso), sino que se le va a ver. Compruébelo personalmente. Vaya a You Tube y busque Lang Lang. A partir de ahí elija un vídeo y luego otro. Verá cómo interpreta de una manera diferente a los demás. Podrá gustarle o no, pero no deja a nadie indiferente.
4. Sus "productos" abarcan desde la música clásica hasta las bandas sonoras de películas o piezas que ha grabado y ha colgado en internet de "libre expresión". Ah, y dos libros.
5. Distribución: puede encontrar a Lang Lang en You Tube, en lastfm,en dailymotion.com/video, en su pagina web y evidentemente en los sitios de distribución tradicionales. Pero si quiere encontrarlo en directo, vaya a la página www.langlang.com/concerts y entérese de sus próximas actuaciones. Por supuesto que puede comprar sus entradas en la misma página web. Por cierto, al teclear Lang Lang en Google, encontrará más de un millon de entradas relacionadas con él.
6. Comunicación: por encima de todo Lang Lang es un comunicador. No sólo está presente en entrevistas, etc., sino que ha hecho de los nuevos medios su medio. Entre en http://langlang.com/langlangeffect.php y verá sus vídeos en su página web bajo el nombre "The Lang Lang Effect" (qué buen nombre, ¿verdad?). También puede ir a You Tube, como hemos dicho, y concretamente a www.youtube.com/symphony y ver su vídeo como primer embajador de la You Tube Symphony Orchestra.
7. Redes y asociaciones: además de ofrecer contacto y blog, puede dejar su email para pertenecer a la comunidad de Lang Lang o entrar en los dos clubs de fans reconocidos por el artista: the Lang Lang Fanclub (www.langlangfanclub.com/en/fanclub.php) o Lang Lang Fans (http://bbs.langlangfans.org/), este último un poco más difícil de entender

porque está dirigido al mercado chino. Si las desea, puede tener unas Adidas Lang Lang fruto de su colaboración con la marca de deportes, o puede verlo en los anuncios de Rolex.
Por cierto, después de hacer ese anuncio has sido nombrado presidente de La Fundacion Cultural de Montblanc (http://www.montblanc.com/97.php). Y por supuesto que tiene la suya: The Lang Lang International Music Foundation (http://www.thelanglangfoundation.org/) con un sueño muy claro: *"Por medio de la música quiero que los niños vean una dimensión diferente de la vida. Quiero mostrarles cómo la música les puede ayudar a alcanzar sus sueños".*
Como colofón, UNICEF es partner de la fundación y le ha nombrado Embajador de Buena Fe. Grammy (The Recording Academy) también le ha nombrado su embajador en China.

8. Pero como pueden comprobar, y por encima de todo, Lang Lang es una marca: una marca Consumering® que está sabiendo desarrollarse en todas las posibles áreas aunque sean diferentes a la funcionalidad básica de un pianista. Tiene su identidad propia que expresa en su manera de tocar, de hablar, de vestirse, posiblemente alejada de lo que es un pianista tradicional. Tiene su misión, sus espacios de marca, sus asociaciones y está donde hoy está la gente.
Y deje que le recuerde un dato: Lang Lang era un perfecto desconocido de 17 años antes de todo esto. Ahora tiene 26. Han pasado 9 años. Y en nueve años se ha convertido en el número uno mundial. Y sólo toca una partitura que no puede variar.
Estudie el caso, visite su página web, mire las noticias relacionadas y sea objetivo y abierto. Y cuando lo haya hecho piense si quiere que su empresa o producto o marca siga siendo "una partitura" o un producto/servicio Consumering® . Como verá, puede hacerse. Es sólo cuestión de voluntad. De ***su*** voluntad.

Capítulo 15

Consumering® una alternativa para el futuro y el presente. Resumen y siguientes pasos

Todas las personas a las que he enseñado este manual antes de su publicación, coinciden en la necesidad de este nuevo ciclo e incluso en llamarlo de otra manera para poder diferenciarlo claramente. De hecho, algunos ya vienen practicando algunas de las cosas que aquí hemos expuesto; Consumering® no es teórico. Es lo que hoy está pasando en todos los sectores y mercados de una manera o de otra.

Asimismo, todos coinciden en lo siguiente: ¿Y ahora qué? ¿Cómo lo implantamos? La mejor frase de todas fue la de un director de marketing de uno de los mayores bancos de España: *"Vale, ¿pero cómo lo implantamos en una empresa de más de 100 años?"*.

Hasta aquí hemos llegado con este primer libro sobre Consumering®. Las personas que han leído su borrador me sugirieron que hiciera un resumen comparativo al final del mismo para ver las diferencias entre el marketing y el Consumering®, ya que les pareció que había muchos conceptos que ahora hay que digerir. Y me pareció una idea sensacional.

En cualquier caso, sí es importante que entendamos que, desde el punto de vista académico, Consumering® debe ser ahora desarrollado más en detalle. Debo decir que un conjunto de profesionales especialistas en diferentes materias están preparando dicho soporte académico.

Pero Consumering® es algo más que un conjunto de teorías, fórmulas y matrices. Consumering® está pensado y diseñado para ayudar a las empresas a abordar los mercados con mayor éxito y a ser más rentables. Por eso Consumering® puede empezar a aplicarse a partir de mañana si usted quiere. ¿Qué pasos debería seguir?

Aquí le recomendamos unos cuantos que puede practicar sin necesidad de que contrate a nadie. Si puede hacerlo, déjese ayudar. Al final le saldrá barato.

Proceso para empresas con cero presupuesto

Paso 1. VÁYASE DE COMPRAS

Deje la oficina, póngase un zapato cómodo y váyase a visitar el mercado. Mire cómo sus consumidores o los consumidores de sus clientes hacen las cosas, tanto las relacionadas por sus productos como en otras categorías de productos. Y si puede hable con ellos; no sea tímido, seguro que aprende cosas. No tenga prisa, si toma dos días mejor que uno. Y tampoco se preocupe; la empresa no va a cerrar si no está en ella un par de días.

Paso 2. DESE UN BUEN BAÑO en la realidad de su negocio

Haga una profunda revisión de su negocio. No desde el punto de vista crítico sino meramente informativo. Le recomiendo que, por ejemplo, siga las sugerencias que hay al final de cada apartado de Consumering®. Por ejemplo, haga que le muestren la descripción de los públicos objetivos o segmentos, haga un análisis de sus SKUs y quién las compra, revise su histórico de precios, etc. Repito: no critique, no tome decisiones, no intente cambiar nada en el corto plazo; sólo vea el grado de coherencia que ha tenido su marca/empresa durante los últimos tiempos.

Si hace lo anterior con asiduidad ¡bien hecho! Pero repítalo esta vez y mire las cosas con otros ojos: los ojos Consumering®, es decir: libertad de elección, coherencia de estímulos, etc.

Paso 3: CÓMPRESE UN LÁPIZ NUEVO... Y DIBUJE

Cuando haya terminado, siga sin criticar, sencillamente dibuje un escenario de lo que quiere hacer con su marca o su empresa. Haga su arquitectura de marca más o menos de la manera en la que está reflejada en el libro. Compare con la situación actual. Vuelva a leer los capítulos relacionados con la marca en este libro por si se ha dejado algo.

Paso 4. TIZA Y PIZARRA

Reúna a sus directivos, a los vendedores; a los que tratan con el cliente y explíqueles lo que es Consumering® y pida que le den ideas. No comparta su arquitectura con ellos, lo tomarán como algo hecho. Haga un buen brain storming abierto, sin problemas, deje que le sugieran. Siga sin criticar; al contrario, anime a los suyos a ser creativos. Tome notas y después compare con su propuesta. Reevalúe y decida qué hacer. Vuelva al mercado y compruebe con algunos consumidores.

Paso 5. CONECTE LA MEGAFONÍA

Cuando tenga su plan, reúna a los suyos y comunique lo que van a hacer. Pida un plan por departamento. Ah, ¿que dice que sigue sin tener dinero? Vale, entonces la próxima vez que tenga que comprar algo, por ejemplo los sobres, hágalo con el siguiente diseño que hayan decido. O la siguiente máquina o el envase. Recuerde que esto toma su tiempo.

Paso 6. MIDA

Vuelva al mercado y vea la diferencia entre lo que hacían antes y hacen ahora los consumidores para poder corregir si es necesario. No siempre se acierta a la primera, así que no desespere.

Paso 7. VAYA AL TALLER A LOS 10.000 Kms

Cuando empiece a mejorar su rentabilidad, vaya a un especialista para que le ajuste y mejore lo que ha hecho. No está mal un poco de efecto espejo y de humildad para seguir adelante.

Proceso para empresas con dinero

Paso 1. TODOS AL COMITÉ

Cree un comité para abordar el cambio e involucre a TODOS los directivos de la empresa. Dentro de él un comité ejecutivo que sea el responsable del proceso. Ligue más del 60% de su variable a este trabajo. Bromas, las justas. Incluya en esto a sus agencias de comunicación, internet , promociones, a todos los que tengan algo que ver con el diseño de sus estímulos, sean los que sean.

Paso 2. TODOS A LA CALLE

Vayan todos al mercado a ver a los consumidores o a los consumidores de sus clientes. Y el mes que viene, también.

Paso 3. INVITE A UN EXTRAÑO

Contrate los servicios de externos para dirigir todos los pasos anteriores y ponerles numeritos y cosas concretas encima de la mesa. Empiece a pensar en la formación de su gente, poco a poco pero sin pausa.

Paso 4. WATERLOO

Evalúe un plan global de cambio en aquello que le recomienden y dentro de sus posibilidades y tiempos. Recuerde que no es cuestión de gastar más dinero sino de hacerlo de manera diferente y en cosas diferentes. Planifique y ejecute. El Napoleón del pasado está delante de ustedes. Y por fuerte que sea puede ser vencido con una buena estrategia. No se olvide de cambiar la métrica de evaluación de sus directivos; de otra manera no trabajarán en lo nuevo.

Paso 5. EVALÚE

Analice resultados y considere los cambios que sean necesarios tanto organizativos como estratégicos u operativos. No lo deje y reúna mensualmente al comité para revisar progreso y proyectos.

Para terminar, una tabla comparativa...

	El Marketing tradicional habitualmente...	En Consumering®...
Mercados	Requiere de nuevas propuestas e inversiones tecnológicas basadas en Unidades Estratégicas de Negocio divididas por categorías en las que se compite con una o varias marcas.	Las empresas basan su crecimiento en la expansión de los valores de su marca a otras categorías o mercados. Se busca que la persona (consumidor) compre la marca, no el producto, independientemente del mercado donde esté.
Segmentos	Divide el mercado en segmentos para definir la oferta y el mix a aplicar en cada caso. La alta competitividad hace que se hipersegmente para garantizar el 100% de productividad y el crecimiento. Generalmente esto no se consigue reduciendo la rentabilidad de la empresa.	Los consumidores definen su mix basándose en la libertad de opciones que las empresas les ofrecen. La segmentación de marketing tradicional se pierde manteniéndose la comercial y la de comunicación.
Productos	Define el producto en base a lo que la empresa es capaz de producir de manera lo más estandarizada posible con la tecnología disponible.	La empresa define un producto base que cumple con la funcionalidad buscada en el mercado y lo complementa con alternativas secundarias, estéticas y de autoexpresión que el consumidor elige libremente.
Precio	Determina un precio en función de costes o/y de margen deseable que luego se ve obligado a reducir para poder vender. Esto hace que el margen real nunca sea conocido con anterioridad por lo que las decisiones empresariales y presupuestos siempre conciben un plan B a la baja.	El precio de la opción base es suficientemente competitivo como para que no sea necesario reducirlo con descuentos. La configuración de alternativas por parte del consumidor es siempre al alza ofreciendo márgenes brutos mayores ya que el consumidor, al elegir su opción, cuestiona menos el precio final.
Promoción	Debido a lo anterior, las marcas están permanentemente en promoción alterando la ecuación de valor original. Esto educa al consumidor a comprar en base a la oportunidad y no en base a la propuesta fundamental por lo que los productos continúan comoditizándose en una círculo vicioso.	La promoción para reducir el precio base no es necesaria por la competitividad de la propuesta básica. El plan promocional se utiliza para establecer relaciones con bases de consumidores más amplias mediante prueba, continuidad y recuperación. Las promociones se utilizan para fomentar el uso y compra de las alternativas.

	El Marketing tradicional habitualmente...	En Consumering®...
Distribución	Define el modelo de capilaridad adecuado para la misma en función del público objetivo y del coste logístico buscando fundamentalmente los puntos que ofrezcan mayor distribución ponderada. Al usar terceros como única alternativa, su negocio termina dependiendo de la estrategia del canal poniendo en riesgo la rentabilidad y control del desarrollo de productos y marcas.	El mensaje es muy sencillo: la distribución debe de ser propia. La venta, distribución y logística se abre a todas las alternativa posibles con las nuevas tecnologías como eje central del proceso comercial. El punto de venta (físico o virtual) es un espacio de marca que se convierte en elemento esencial en la experiencia con el producto y relación con el cliente. Se desintermedia para controlar la estrategia y decidir sobre el margen de los productos.
Comunicación	Identifica un mensaje y de manera más o menos impersonal lo transmite a su publico objetivo buscando el menor coste por mil. La comunicación se basa fundamentalmente en la vista y el oído. La comunicación es responsabilidad de departamentos y agencias.	Se entiende que todo, absolutamente todo, comunica y estimula. Cualquier mensaje (hasta las facturas) responden a un criterio común de comunicación. La comunicación es responsabilidad directa de la dirección general para asegurar las 3c's: coherencia, coordinación y comunicación completa.
Relación	Estructura la relación a través de encuestas de mercado y sistemas de quejas e insatisfacción. Son sistemas reactivos de respuesta a problemas. Los consumidores no participan propositivamente en la generación de valor.	La relación sólo tiene un propósito: la generación de asociación entre consumidores, colaboradores y la empresa. Los sistemas de información se basan en el uso activo de las nuevas tecnologías para facilitar dichas relaciones dirigidas a la cogeneración de valor.
Clientes	Busca identificar a los clientes y hacerles ofertas para garantizar una pseudo-fidelización que realmente es una retención mediante una alteración a largo plazo de la ecuación de valor. El cliente más rentable siempre es el que compra más.	Los consumidores más rentables son los que más compran y más opinan sobre la marca y sus productos. Los no consumidores son también objetivo a través de la reputación de marca previendo posibles conexiones sociales y una futura adscripción a la marca si esta compite en mercados diferentes al actual.
Marca	La marca supone una identificación del producto o servicio. Se busca la notoriedad de la misma y su asociación a una categoría y a un beneficio más o menos claro.	La marca es una manera de autoexpresión del individuo con la que se identifica y a la que ayuda a desarrollarse. Como tal es mucho más que una identificación; es un concepto relacionado con todas la percepciones que el consumidor relaciona con asociaciones que finalmente determinarán la actitud de este hacia aquella y por lo tanto su comportamiento de compra.